Rügen

Stralsund

Groß Schoritz

Prebberede

Rossewitz

Neetzow

Greifswald

Karlsburg

Quilow

Ziethen

Ivenack

Burg Schlitz

Varchentin

Neubrandenburg

Passewalk

Luplow

Prenzlau

Penkun

KATHARINA BAARK

Schloßgeschichten aus Mecklenburg-Vorpommern

Zwar bröckelt der Putz, doch die Bausubstanz ist gut. (zu Luplow, S. 44)

KATHARINA BAARK

Schloßgeschichten

aus Mecklenburg-
Vorpommern

CHRISTIANS

Die Deutsche Bibliothek – CIP-Einheitsaufnahme

Baark, Katharina:
Schlossgeschichten aus Mecklenburg-Vorpommern /
Katharina Baark. – Hamburg: Christians, 1994
ISBN 3-7672-1204-8

© Hans Christians Verlag,
Hamburg 1994
Vorsatzillustration: Kathrin Pitzl
ISBN 3-7672-1204-8
Printed in Germany

Inhalt

Vorwort

Herrenhäuser in Mecklenburg-Vorpommern als Zeugnisse der Kulturgeschichte

Schlösser sind geschichts- und geschichtenträchtige Bauwerke. So dürfte sich auch eine in absoluten Zahlen kaum festzulegende Zahl von Geschichten um das Schicksal der Häuser und der mit ihnen verbundenen Familien um jene etwa 1200 Schlösser und Herrenhäuser ranken, die in Mecklenburg-Vorpommern stehen.

Solche Geschichten zu sammeln, aufzuschreiben und öffentlich zu machen ist wichtig, denn sie sind Teil der Kulturgeschichte eines Landes, das in Vergangenheit und Gegenwart wichtige Impulse für seine Entwicklung aus dem ländlichen Raum empfangen hat. Neben den Bauernhäusern und Dorfkirchen sind gerade die Schlösser und Herrenhäuser und die zu ihnen gehörenden Parkanlagen unübersehbare und aussagefähige Zeugnisse dieser Entwicklung.

Schlösser und Parks waren und sind an einen Grundbesitz gebunden, der die materielle Basis für den Bau und die Unterhaltung solcher Anlagen bietet. Die Herausbildung solchen Eigentums reicht teilweise bis in die Zeit der deutschen Besiedlung des heutigen Mecklenburg und Vorpommerns zurück, als solche Besitzungen verdienten Personen zu Lehen oder zu Eigentum gegeben wurden. Die Ritter gewannen größere politische und wirtschaftliche Bedeutung allerdings erst im Zeitalter der Reformation, als sie neben den Landesherren durch den Erwerb ehemals kirchlichen Grundbesitzes ihre ökonomische Basis entscheidend verbesserten. Auch von den Folgen des in Mecklenburg und Pommern besonders schrecklich wütenden Dreißigjährigen Krieges profitierte die Ritterschaft, indem sie in dem weithin entvölkerten Land ehemals bäuerliches Land an sich brachte und zusätzlich durch das Legen der Bauern ihren Grundbesitz vergrößerte. Mit der Leibeigenschaft wuchs die Dominanz der Grundherren weiter. Über Jahrhunderte war die Ritterschaft im Lande ein nicht wegzudenkender Machtfaktor. Auch die seit dem späten 18. Jahrhundert immer häufiger zu beobachtende Tendenz des Erwerbs von Grundbesitz durch bürgerliche, nicht adelige Käufer änderte daran wenig. Erst in der Zeit nach dem Ersten Weltkrieg erfaßten krisenhafte Entwicklungen auch die großen Gutsbetriebe und zwangen zahlreiche Familien zur Aufgabe. Ihre Ländereien wurden von Siedlungsgesellschaften übernommen und «aufgesiedelt». Nicht wenige dieser neuen Dörfer nahmen Bauern und Landarbeiter auf, die besonders in den westlichen Teilen des damaligen Reiches wegen der Kriegsvorbereitungen der Nationalsozialisten zugunsten von Flugplätzen, Sperrwerken und anderen militärischen Anlagen ihren Besitz verlassen mußten.

Den größten Einschnitt in der Geschichte des Großgrundbesitzes und der mit ihm verbundenen Schlösser brachte das Jahr 1945. Bis zum Sommer dieses Jahres wurde ganz Mecklenburg-Vorpommern von sowjetischen Truppen besetzt. Wer von den Grundbesitzern nicht vor dem Einmarsch geflohen war, wurde jetzt von seinem Besitz vertrieben und wenig später durch die Bodenreform enteignet. Zahlreiche Schlösser und Herrenhäuser wurden in den Kriegstagen und danach geplündert, das Inventar zerstört und die meisten der wertvollen Archive, Sammlungen und Kunstgüter zerstreut, gestohlen oder ebenfalls vernichtet. Der Befehl 209 der Sowjetischen Militäradministration gab die Schlösser zum Abbruch frei, weil es an Baumaterial für die Neubauernhäuser mangelte. Lediglich 21 wertvolle Bauten konnte das Landesdenkmalamt nach einer eilig durchgeführten Erfassung als Denkmale unter Schutz stellen.

Den unmittelbaren Kriegsereignissen folgten vierzig Jahre des allmählichen Verfalls, oft durch die völlig ungeeignete Verwendung der Häuser vorprogrammiert. Sie wurden mit Flüchtlingsfamilien belegt, die die einst herrschaftlichen Räume für ihre Bedürfnisse mehr oder weniger einrichten mußten, man nutzte sie als Alters- und Pflegeheime sowie Krankenhäuser, als Schulen, Kindergärten und Kulturhäuser, für die Dorfbibliothek und den «Konsum»-Laden und fast immer auch für die Gemeindeverwaltung. Als nach 1960 die Kollektivierung der Landwirtschaft mit der Bildung der Landwirtschaftlichen Produktionsgenossenschaften ihren Abschluß fand, wurden deren Verwaltungen und Büros meist ebenfalls in den Schlössern und Gutshäusern eingerichtet. Für ihre bauliche Unterhaltung tat man wenig, einen historischen Wert billigte man ihnen nur selten zu, offiziell galten sie als Symbole des reaktionären Junkertums. Wo dennoch aus praktischen oder denkmalpflegerischen Gründen ein Interesse an der Erhaltung bestand, und dies war in vielen Orten der Fall, verhinderten die Bürokratie und Mangelwirtschaft der DDR wirkungsvolle Maßnahmen.

Erst nach Erlaß des Denkmalpflegesetzes der DDR im Jahre 1975 wurden Schlösser und Herrenhäuser häufiger in die Denkmallisten aufgenommen, ihre historischen Dimensionen und häufig auch ihre architektonischen und künstlerischen Aspekte erregten jetzt Aufmerksamkeit und wurden teilweise auch neu bewertet. Die inzwischen eingetretenen Substanzverluste und häufig auch schlimmen baulichen Veränderungen der immer noch zweckentfremdet genutzten Gebäude ließen sich dadurch allerdings nicht rückgängig machen. Immerhin konnten denkmalpflegerische Belange jetzt dort berücksichtigt werden, wo beispielsweise Betriebe aus den südlichen Bezirken der DDR und aus Berlin Schlösser und Herrenhäuser erwarben, um sie als Ferienheime für ihre Belegschaften zu nutzen.

Mit der Wende 1989 zogen neue Gefahren für diese Bauten herauf. Die wirtschaftlichen Umstrukturierungen haben die bisherigen Nutzer der Gebäude veranlaßt, diese aufzugeben, viele stehen leer und sind erneut dem Verfall ausgesetzt. Nur in einzelnen Fällen haben die ehemaligen Eigentümer, deren Restitutionsansprüche durch den Einigungsvertrag meist ausgeschlossen wurden, den früheren Familienbesitz käuflich zurückerworben. Erst wenige Häuser werden inzwischen als Hotels, Akademien oder Kliniken genutzt, für die Mehrzahl ist eine neue Verwendung noch nicht gefunden. Sie ist aber die Voraussetzung für die Erhaltung.

Wie schon erwähnt, sind die Schlösser, Herrenhäuser und Parks als Zeugnisse der Geschichte und Kultur in Mecklenburg-Vorpommern unverzichtbar. Als Bauten verkörpern sie einen Architekturtyp mit einer nachvollziehbaren Entwicklung in einem Zeitraum von über fünfhundert Jahren, vom «festen Haus» des Mittelalters bis zum villenartigen Herrenhaus des frühen 20. Jahrhunderts.

Intakte Gebäude aus mittelalterlicher Zeit haben sich nicht erhalten. Die als Höhen-, häufiger aber als Niederungsburgen angelegten feudalen Wohnsitze sehr unterschiedlicher Größen waren so stark von fortifikatorischen Aspekten geprägt, daß sie späteren Modernisierungen ganz oder teilweise zum Opfer fielen oder völlig überbaut wurden. Nicht selten gab man sie zugunsten von Neubauten an anderem Ort auch einfach auf. Solche aufgelassenen adeligen Wohnsitze sind über das gesamte Land verteilt, häufig existieren nur noch Flurnamen, die an sie erinnern.

Mit der im frühen 16. Jahrhundert aufkommenden Renaissance bestimmte der Wohnwert mehr und mehr die Gestalt der Gebäude. Die Häuser wurden freundlicher, indem man durchgehende Geschoßhöhen einhielt, die Räume großzügiger belichtete und die Obergeschosse durch bequemere Treppenanlagen erschloß. Die Wirtschaftsräume im Erdgeschoß und der Festraum waren häufig gewölbt. Das Äußere verzierte man durch Volutengiebel, Türme mit welschen Hauben und Wappenreliefs am Portal, innen erhielten einzelne Räume stukkierte Decken oder Gewölbe. Baumeister und bildende Künstler kamen wie für die landesherrlichen Bauten aus den Niederlanden, Mitteldeutschland und Italien, daneben auch aus den nördlichen und östlichen Nachbarländern.

Mit dem Dreißigjährigen Krieg brach diese Entwicklung für einen längeren Zeitraum ab, erst nach der Mitte des 17. Jahrhunderts nahm das Baugeschehen zu. Inzwischen setzten sich barocke Lebensinhalte durch, bei den Bauten und Gärten zählte nicht allein der Wohnwert, man wollte nun repräsentieren und mit dem Schloß oder Herrenhaus auch das dörfliche Umfeld prägen. Die herrschaftlichen Gebäude wurden nun häufiger in bestehende oder neu geschaffene axiale Bezüge eingeordnet, durch große Höfe mit Wirtschaftsgebäuden erweitert und Gartenanlagen nach französischem Vorbild bereichert. Kavaliers- und Dienerschaftsgebäude wurden dem Haupthaus so zugeordnet, daß sich nach französischem Vorbild Ehrenhöfe ergaben, deren Repräsentanz sich durch eigens gestaltete, oft mit Alleen verbundene Zufahrten steigern ließ. Namhafte Architekten wurden für die adeligen Auftraggeber tätig, nicht weniger talentierte Künstler zog man zur Innenausstattung heran. Beim Baumaterial wurden die Traditionen beibehalten, neben Backstein- und Putzbauten behaupteten sich auch die Fachwerkgebäude bis zum Ende des 18. Jahrhunderts.

Dem Barockzeitalter folgen Jahrzehnte ohne den übermächtigen Drang zur wirkungsvollen Zurschaustellung des Besitzes. Die Gebäude, die unter dem Einfluß der vornehmlich in Berlin oder Kopenhagen geschulten Architekten entstehen, orientieren sich am Vorbild der klassizistischen Palais, beeindrucken durch ihre schlichte Größe, verzichten aber im Inneren nicht auf eine gediegene und künstlerisch qualitätvolle Ausstattung. Zum Stuck der Decken und Wände, zu geschnitzten Paneelen und zu üppigen Kaminen kommen jetzt nach pompejanischen Vorbildern gemalte Decken- und Wandmalereien und auf Papier gedruckte Tapeten mit Motiven antiker Geschichten hinzu. Die Gärten werden als Landschaftsparks angelegt, die nur scheinbar natürlich sind, denn in Wirklichkeit ist alles zuvor auf dem Reißbrett des Gartenarchitekten entworfen worden.

Noch vor der Mitte des 19. Jahrhunderts setzt sich im Schloßbau der Historismus durch. Zunächst dominieren neugotische Schöpfungen. Einheimische und verstärkt auch Baumeister aus der Schinkel-Nachfolge errichten zinnenbewehrte, mit Türmen ausgestattete und im Grundriß sehr differenziert angelegte Bauten, die in spätromantischer Manier in die natürliche Landschaft oder eigens angelegte Parks eingeordnet werden. Nach der Mitte des Jahrhunderts kommen Neurenaissance und Neubarock als Stilformen hinzu. Mehrfach werden weite Bereiche des Dorfes mit in die Neugestaltungen einbezogen, so daß neue Ensembles entstehen. Vor allem größere Betriebe, deren Eigentümer sich auf den Getreide-, Kartoffel- oder Zuckerrübenanbau oder die Tierzucht spezialisiert haben, besitzen die dafür erforderlichen finanziellen Mittel. Anfänge einer industriellen Produktion in diesen Großbetrieben haben zur Folge, daß man die Wirtschaftshöfe räumlich von den Schlössern und Herrenhäusern trennt.

Mit dem Beginn des 20. Jahrhunderts endet die Zeit der großen Schloßneubauten, weil sich die gesellschaftlichen und wirtschaftlichen Verhältnisse gewandelt haben. Gelegentliche Neubauten als Ersatz für ältere Häuser oder nach Bränden können nicht darüber hinwegtäuschen, daß die Tendenz im ländlichen Bereich zum Landhaus oder villenartigen Anwesen verläuft.

Horst Ende, Landesamt für Denkmalpflege, Schwerin

Bellin mit dem von H. B. Sloman neugestalteten Wirtschaftshof.

Bellin

Hier hat die Zukunft schon begonnen

Im Frühling ist der Schloßpark von Bellin im Landkreis Güstrow mit einem weißgelben Anemonenteppich übersät. Die seltenen gelben Buschwindröschen wuchern auch dort, wo sich die Reste der ersten mittelalterlichen Burganlage erkennen lassen. Im Dreißigjährigen Krieg war die befestigte Anlage zerstört worden. Bis heute erhalten ist dagegen die spätromanische Feldsteinkirche mit ihren reichen Wandmalereien aus dem 14. Jahrhundert – auch ein Indiz für das Alter des Ortes Bellin, der in den Urkunden erstmals 1229 erwähnt wird.

Die ersten Besitzer von Bellin waren eine wendische Familie gleichen Namens, ihr Wappen mit dem Widderkopf findet sich in der Apsis der Belliner Kirche wieder.

Ungewöhnlich an der Geschichte des Gutes Bellin ist, daß die Besitzer sehr oft wechselten, einmal sogar innerhalb von zwei Jahren.

Neben der mittelalterlichen Burganlage hat es in Bellin drei weitere Schloßbauten gegeben. Anläßlich seiner Ernennung zum Reichsgrafen 1751 ließ Gerd Carl von Sala eine barocke Anlage errichten, mit Torhaus, Kavaliershäusern und Haupthaus, gruppiert um einen Ehrenhof. Torhaus und zwei Kavaliershäuser sind noch heute erhalten. Die von Sala stammten aus Oberitalien, verließen ihres Glauben wegen ihre Heimat und besaßen Bellin seit 1662. Mit dem Schloßbau hatten sie sich aber offenbar übernommen, denn 1780 mußten sie Konkurs anmelden und Bellin aufgeben.

Nach einer schnellen Folge von wechselnden Besitzern verkaufte dann Christian Friedrich von der Osten-Sacken wegen chronischen Geldmangels 1824 Bellin an seinen Schwiegersohn, den Grafen Hessenstein, der ein illegitimer Sohn des Landgrafen Wilhelm IX. von Hessen-Cassel war. Dieser bezog Bellin erst 1827. Es wird angenommen, daß er zwischen 1824 und 1827 das Belliner Gutshaus im klassizistischen Stil hatte neu errichten lassen.

Graf Hessenstein hielt in Bellin hof; er soll dort mehr als acht Millionen Taler verbraucht haben. Zu seinem Hofstaat gehörte auch ein «Mohr», der breites Mecklenburger Platt sprach und bei den Damen

*Parkseite des Gutshauses von Bellin,
aufgenommen in den 30er Jahren.*

in der Umgebung sehr beliebt war, was seine zahlreiche Nachkommenschaft klar erkennen ließ.

Nach dem Neubau des Pfarrhauses 1836/37 und des Küsterhauses 1849 war das Vermögen des Grafen endgültig verbraucht, und Bellin wechselte wieder einmal den Besitzer.

Eigentümer von Bellin war von 1910 bis 1932 Henry Brarens Sloman, ein durch den Krimkrieg verarmter englischer Verwandter der wohlhabenden Hamburger Reederfamilie.

Geboren am 28. 8. 1848 in Hull/England, kam Henry als Kind zusammen mit seiner Schwester nach Wohldorf bei Hamburg, wo er bei seinem Großvater, dem Kaufmann John Miles Sloman, aufwuchs. Nach der Schulzeit absolvierte Henry eine Schlosserlehre, zu einem Ingenieursstudium fehlte ihm das Geld. Doch er nahm sich fest vor – den Wohlstand seiner Großeltern und seines Onkels Robert Miles vor Augen –, Karriere zu machen.

Von seinem Onkel lieh er sich Geld für die Überfahrt nach Chile; während der 160 Tage dauernden Schiffsreise lernte er Spanisch und Buchhaltung. 22 Jahre lang war er als Angestellter, zuletzt in leitender Funktion, in Salpeterfabriken tätig, bevor er sich 1892 mit einer eigenen Firma bei Tocopilla selbständig machte. Zu einer Fabrik kamen weitere hinzu. Doch die Arbeit in der chilenischen Pampa war hart und entbehrungsreich, das Klima trocken, die Ernährung einseitig. Unruhen, Revolutionen und Kriege bedrohten immer wieder die Existenz der Betriebe.

Erst 1908 konnte Henry Brarens Sloman nach Hamburg zurückkehren. Sein Ziel, ebenso wohlhabend zu werden wie seine Hamburger Verwandten, hatte er erreicht. 1909 kaufte er für sich und seine Familie das Haus Badestraße 30.

Mit 61 Jahren konnte er sich endlich seinen Traum vom Leben auf dem Lande erfüllen. Im Mai 1910 erwarb er von Gerhard Freiherr von Marschall das Gut Bellin mit 4200 Morgen Land, dazu von Wunderlich das Nachbargut Steinbeck mit 1600 Morgen.

Sogleich begann Henry B. Sloman mit dem Aufbau der heruntergewirtschafteten Güter. Er ließ neue Katen und eine Schnitterkaserne, ferner Ställe und eine Maschinenhalle sowie zahlreiche Wirtschaftsgebäude neu errichten, die Arbeiterwohnungen erhielten neue Dächer. Neue Straßen und Wege wurden angelegt, Äcker und Wiesen drainiert, 100 Hektar Wald aufgeforstet. Sloman erwarb sich im Selbststudium profunde landwirtschaftliche Kenntnisse – er wollte nicht den Gutsherrn spielen, er wollte Landwirt sein. Bis 1945 galt Bellin als *der* Musterbetrieb schlechthin in Mecklenburg.

1911 beauftragte Sloman den Architekten Paul Korff (1875–1945) aus Laage bei Rostock mit dem Neubau des Gutshauses, ganz nach seinen Vorstellungen.

Paul Korff, der in Mecklenburg und Pommern mehrere Gutshäuser entworfen hatte, von dem aber auch etliche Geschäftshäuser und Villen in Rostock stammen, baute für Sloman eine überdimensionale gründerzeitliche Villa, mit breiter Freitreppe zum Garten hin und säulenüberdachtem Eingangsbereich.

Wie es den Korffschen Bauten anzusehen ist, ging es vor allem darum, zweckgemäß zu bauen; historistische Ornamente oder Bauplastik sind an der Belliner Fassade nicht zu finden. Dieser strenge Stil, der in der ausgehenden Gründerzeit nicht unbedingt üblich war, muß dem Bauherrn besonders gefallen haben. Ein altes Foto dokumentiert, daß er ein sehr anspruchsloser Mensch war und sein eigenes Schlafzimmer nur mit dem Nötigsten einrichtete.

Dagegen strahlten die repräsentativ ausgestatteten Wohnräume eine gediegene großbürgerliche Wohlhabenheit aus; ausgewählte Kunstwerke, darunter Rembrandt und Tintoretto, machten den vielen Gästen Eindruck.

Kaufmann und Landwirt: Henry B. Sloman
im Alter von 80 Jahren.

Den Ausbruch des Ersten Weltkriegs, der den Gutsbetrieb in Schwierigkeiten brachte, erlebte Sloman in Bellin. Dort verbrachte er auch seine letzten Lebensjahre. Zwischen 1922 und 1924 ließ er noch von Fritz Höger das Hamburger Chilehaus errichten. Er starb am 28.10.1931 nach einer Operation. Beigesetzt wurde er auf eigenen Wunsch in dem von ihm selbst erbauten Mausoleum in Bellin neben seiner Frau, die zwei Jahre vor ihm gestorben war.

1945 plünderten die Russen Schloß und Mausoleum, rissen die Leichen aus den Sarkophagen und machten aus dem Mausoleum eine Tankstelle. Wie alle Gutsbesitzer wurde auch der Sohn H. B. Slomans, Enrique, 1945 enteignet.

Seit der Wiedervereinigung bemühen sich die Erben von Bellin, der Kaufmann und Landwirt Friedrich-Wilhelm Sloman und der Kauf-

mann Hans Jürgen Sloman, mit Erfolg um den Wiederaufbau des Gutes.
Gleich nach der Wende gründeten sie die Belliner Agrar GmbH als Betriebsgesellschaft, an der die ehemalige Belliner LPG zu 40 Prozent, der
ehemalige LPG-Leiter zu 10 Prozent sowie Friedrich-Wilhelm Sloman
zusammen mit seinen Kindern und seinem Vetter zu 50 Prozent beteiligt sind. Die partnerschaftliche Zusammenarbeit von Ost und West
funktioniert sehr gut. Vier Millionen Mark wurden bisher investiert,
850 Milchkühe stehen im Stall, und jährlich werden 15 000 Gänse gemästet. Von der Treuhand und den noch vorhandenen Siedlern hat die
Belliner Agrar GmbH 2000 Hektar Flächen auf 18 Jahre gepachtet.
Nach dem gleichen Prinzip wurde eine Jagdgesellschaft durch ortsansässige Jäger gegründet.

Es ist geplant, aus dem Schloß ein Jagd- und Sporthotel zu machen,
verbunden mit einer Tagungsstätte für Wirtschaft, Kultur und Politik.
Für Bellin hat die Zukunft bereits begonnen.

Bedeutende Kunstwerke schmückten den Salon des Belliner Gutshauses.

Schloß Bothmer

Eine erste Adresse in Europa

Was wäre, wenn Klütz mit Schloß Bothmer, heute im Landkreis Grevesmühlen gelegen, 1945 zum Westen gekommen wäre? Mutmaßungen darüber stellt der aus Pommern stammende Schriftsteller Uwe Johnson in seinem vierbändigen Epos «Jahrestage» an, wobei er den Flecken Klütz Jerichow nennt: «Jerichow würde zum Zonengrenzbezirk Lübeck gehören…, der überlebende Adel kandidiert für die CDU… P. wäre reich geworden an der Verwaltung der neuen Großmacht, des adligen Grundbesitzes. Vor seinem Tode hätte er noch das Lassewitzsche Stadthaus losgeschlagen. Die Stadt würde es durchbauen, auch Stukkateure aus Hannover kommen lassen für die Girlanden unter den Fenstern. Das Haus wäre zur Hälfte Museum, zur anderen eine Höhle für Behörden…» Johnsons Sarkasmen und Verfremdungen basieren auf seinen genauen historischen Kenntnissen des Ortes Klütz und des Schlosses Bothmer. In Lassewitz steckt Bassewitz – der Name einer anderen Mecklenburger Familie, Girlanden gibt es viele am Schloß, der Architekt kam wirklich aus Hannover, und die Nutzungsvorschläge Uwe Johnsons für Schloß Bothmer als Museum bzw. Verwaltungsgebäude sind heute wieder aktuell.

Was Uwe Johnson über Schloß Bothmer wußte, aber nicht preisgegeben hat, sei hier nachgetragen:

Schloß Bothmer in Klütz gilt als die bedeutendste barocke Schloßanlage in Mecklenburg; auch in Schleswig-Holstein gibt es nichts Vergleichbares. Der gesamte Komplex, aus Backstein errichtet, gruppiert sich um einen Ehrenhof. Dem zweigeschossigen elfachsigen Hauptbau sind durch eingeschossige Galerien Pavillons angegliedert. Die sich anschließenden Kavaliershäuser sind wiederum mit Pavillons verbunden.

Zum roten Backstein kontrastieren die hellen Sandsteinverblendungen an Portalen und Fenstern. In den westlichen Nebengebäuden waren Stallungen, Eßraum und Küche untergebracht, im Ostflügel die Kapelle. Das Haupthaus birgt zwei große Säle. Reiche Stukkaturen und Vertäfelungen aus der Erbauungszeit sind erhalten.

Bothmer, die bedeutendste barocke Schloßanlage Mecklenburgs.

Schloß Bothmer wird von einem Wassergraben umgeben, der früher von zweireihigen Lindenalleen gesäumt war. Der ursprünglich symmetrisch angelegte französische Garten ist noch ansatzweise zu erkennen. Dazu gehörte auch die zu Festons beschnittene oben erwähnte Lindenallee, die zum ein Kilometer entfernten Vorwerk Hofzumfelde führt. Bauherr des Schlosses war Johann Caspar von Bothmer. Er wurde 1656 auf der Stammburg der niedersächsischen Familie, Lauenbrück, im damaligen Fürstentum Lüneburg geboren und begann seine diplomatische Laufbahn in Nijmegen. Weitere Stationen waren Celle, Dänemark und Schweden. Von 1685 bis 1690 war er Gesandter des Hauses Braunschweig-Lüneburg in Berlin, von 1690 bis 1696 in Wien. 1691 weilte er vorwiegend am Hofe Ludwigs XIV. in Versailles. 1711 wurde er als Gesandter des Hauses Hannover nach London geschickt, wo er die Thronfolge des Kurfürsten Georg Ludwig von Hannover zum englischen König Georg I. 1714 vorbereitete. Unter Georg I. wurde er erster Minister für deutsche Angelegenheiten. Bothmer bezog 1720 das Haus Downing Street 10 und starb hier am 6. 2. 1732. Bis heute ist dies die Adresse des englischen Premierministers geblieben.

Seit seiner Ernennung in den Reichsgrafenstand 1713 war von Bothmer bestrebt, seinen Grundbesitz zu vermehren, um seine Familie abzu-

sichern. Zusammen mit seinem Bruder erwarb er ab 1722 mehrere Gü-
ter im Klützer Winkel und begann 1726 mit dem Bau des Schlosses. Als
Architekten beauftragte er den aus Hannover stammenden Johann
Friedrich Künnecke. Außer ihm wirkten folgende Handwerker mit: Jo-
hann Paul Heumann (Tischlerarbeiten), H.J. Hassenberg, Lübeck
(Treppen und Bildhauerarbeiten), Baumeister Petrini, Lübeck, und
Giuseppe Mogia, Italien (Stukkaturen), Pietro Antonio Barca, Italien
(Maurerarbeiten). Johann Paul Heumann war vorher am Bau des Leine-
schlosses in Hannover beteiligt gewesen, Giuseppe Mogia arbeitete
1715 am Schloß in Neustadt-Glewe mit, und Johann Friedrich
Künnecke, der auch das Klützer Pfarrhaus entwarf, wurde 1731 herzog-
licher Hofarchitekt. Direkte Vorbilder für die Architektur des Schlosses
Bothmer hat es wohl nicht gegeben. Hans Caspar von Bothmer kannte
sämtliche Höfe Europas, ob es sich nun um die Anlage in Hannover-
Herrenhausen, in Versailles, Den Haag oder Blenheim Palace des Herzogs von Malborough handelte.

Hans Caspar von Bothmer hat die Vollendung seines Schlosses nicht
mehr erlebt. Nach seinem Tod in London zog sein Neffe und Erbe im
Frühjahr 1732 in das Klützer Schloß.

1945 floh Ludwig Graf von Bothmer mit seiner Familie gen Westen.
Zurück blieb sein Neffe Hans Kaspar, Leutnant und Medizinstudent.
Er kümmerte sich um die 400 Kranken im Schloß, das inzwischen Iso-
lierstation für Typhus- und Diphtheriekranke geworden war. Nach
überstandener Typhuserkrankung starb er am 12.2.1946 an Fleckfie-
ber.

Der Bauherr,
Hans Caspar Graf
von Bothmer.

Burg Schlitz

«Wer auf die Welt kommt, baut ein Haus»

Die Baugeschichte von Burg Schlitz im Landkreis Teterow, der größten und originellsten klassizistischen Schloßanlage Mecklenburg-Vorpommerns, ist eng verbunden mit der Lebensgeschichte des Bauherrn Hans von Labes, genannt Graf von Schlitz: Schloß und Park waren sein Lebenswerk.

Hans von Labes wurde 1763 in Berlin geboren, unternahm nach einem Studium in Halle mehrere Reisen, unter anderem auch in die Schweiz, und wurde Legationsrat bei der preußischen Gesandtschaft, erst in Wien, dann in Regensburg. Hier lernte er den Reichstagsgesandten Graf von Schlitz und dessen Tochter Louise kennen. Bei der Heirat mit Louise 1794 nahm Hans von Labes den Namen seines Schwiegervaters an. 1791 gab er seine diplomatische Karriere auf und erwarb das mecklenburgische Gut Karstorf, das völlig heruntergekommen war. Die alte Burg ließ sich nicht mehr retten, sie mußte abgerissen werden. Anstelle der Burg gedachte Hans von Labes zunächst einen Neubau im gotischen Stil zu errichten, so wie er ihn am gotischen Haus in Wörlitz kennengelernt hatte. Dieser Plan wurde jedoch verworfen zugunsten eines Entwurfs «im griechischen Styl» des Berliner Hofrats Otto Hirt. Auch dieser Plan, von dem es in der Burg Schlitzer Schloßchronik heißt, er sei langweilig und monoton, fand nicht die Zustimmung des Bauherrn. Schließlich bekam Heinrich Gentz, der Schüler Schinkels, den Zuschlag. Der Grundstein wurde – nach Gentzschen Vorgaben – am 6. Juli 1806 gelegt; doch Kriegsunruhen brachten die Bautätigkeit zum Erliegen. Erst 1812 ging es weiter mit dem Schloßbau, doch diesmal nach den Entwürfen des Bauherrn. Graf von Schlitz teilte den Bau in drei Komplexe, die miteinander verbunden waren. Im Westtrakt lebte die Familie, der Osttrakt war Freunden und Gästen vorbehalten, im mittleren Gebäude traf man zusammen. Von einem obeliskartigen Aussichtsturm aus konnte der Betrachter die Landschaft weithin überblicken. 1816 wurde der Westflügel als Wohntrakt mit großem Gepränge eingeweiht. Achim von Arnim, der Neffe des Grafen von Schlitz, schrieb

ein paar Verse in die Schloßchronik, und auch Goethe dichtete: «Wer auf die Welt kommt, baut ein Haus; er geht und läßt es einem Zweiten; der wieder wird es anders zubereiten. Und keiner baut es aus.» Goethe und Graf von Schlitz hatten sich in Weimar anläßlich des Zarenbesuchs kennengelernt und Autographen ausgetauscht: Für einen Brief Schillers aus dem Besitz Goethes erhielt dieser vom Grafen Schlitz einen Brief Friedrichs des Großen.

Von 1791–1816, 25 Jahre lang, hatte die Grafenfamilie provisorisch in einem ausgebauten Schafstall gewohnt. Vor dem Bau des Schlosses hatte Graf Schlitz das Gut erst einmal wirtschaftlich saniert, die Verkehrswege instand gesetzt und die Wirtschaftsgebäude erneuert. Vorrang vor dem Schloßbau hatten auch die Unterkünfte für die Landarbeiter, der Bau eines Schulgebäudes sowie die Errichtung einer Ziegelei. Gleichzeitig wurde der 60 Hektar große Landschaftspark angelegt, denn «die Gartenschöpfung sollte und mußte dem Baue vorangehen, denn langsamer als die Kunst entwickelt die Natur ihre Schönheit».

36 Denkmäler schmückten den Park, etwa das Wanderstabdenkmal mit der Inschrift: «Feiere hier, mein Wanderstab / Einst in fernen Alpenländern / Im Schoße unsterblicher Hoffnung / Da ruhe bald auch ich!» Für das Denkmal, das Graf Schlitz Blücher, dem Sieger über

*Der Osttrakt mit bemalten
Landschaftstapeten
von 1820 (links)*

*Der Schloßbau
war sein Lebenswerk:
Hans Graf von Schlitz
rechts)*

*Dreigeteilt:
die originelle Schloßanlage
von Burg Schlitz (unten)*

Napoleon in der Schlacht von Waterloo (1815) setzte, bedankte sich der Geehrte persönlich und schrieb ein paar Zeilen in die Schloßchronik. Die kleine gotische Grabkapelle entstand nach dem Tode der Schwägerin Caroline.

1824 waren Schloß und Park nach den Plänen des Bauherrn fertiggestellt. Lediglich die ionischen Säulen des Mitteltraktes gehen vielleicht noch auf den Entwurf Heinrich Gentz' zurück: Dieser hatte einzelne Säulenordnungen bestimmten Bauaufgaben zugeordnet: «Die ionische Ordnung schickt sich überall, wo Heiterkeit und Ruhe, Gefälligkeit und Eleganz herrschen soll... für ländliche Gebäude ist diese Ordnung zu empfehlen...» Am 25.7.1831 starb Graf Schlitz. Schon 1826 war er erkrankt, hatte mehrere Schlaganfälle erlitten, von denen er sich nicht mehr erholte. Das Gut verkam, 1830 mußte Konkurs angemeldet werden, und sein Schwiegersohn erwarb Burg Schlitz. «Posteritati» steht als Inschrift über dem Mittelbau – den Nachkommen. Für sie hatte er sein Lebenswerk geschaffen.

Nachkomme in gewisser Weise ist auch Günter Mast, der Jägermeister-Fabrikant aus Wolfenbüttel, der Burg Schlitz kürzlich erwarb. Zur Zeit läßt er das Schloß gründlich restaurieren. Im Ostflügel der Burg wird ein Museum entstehen, das Ausstellungen zum Thema «Schlösser, Herrensitze und Parks in Mecklenburg-Vorpommern» zeigen wird.

Im Mitteltrakt und Westflügel soll ein Schulungszentrum und ein Hotel untergebracht werden, im Erdgeschoß werden zwei Cafés den Schloß- und Parkbesuchern Stärkung bieten.

Auch Graf Schlitz hätte sich über die Entwicklung, die «sein» Schloß jetzt nimmt, gefreut.

Goldenbow

«Zum höheren Ruhme Gottes»

Goldenbow vor dem Umbau, Federzeichnung um 1850.

Um das Gutshaus von Goldenbow im Kreis Hagenow ist es schlecht bestellt. Der Bau, den die Gemeinde 1988 schon einmal abreißen lassen wollte, steht seit 1984 leer und verfällt zusehends. Plastikplanen auf dem Dach und vor den scheibenlosen Fenstern können Wind und Regen nicht abhalten. 1992 hat die Gemeinde Goldenbow an einen Lehrer aus Hamburg verkauft, doch es ist fraglich, ob und wie das Haus künftig renoviert und genutzt werden wird.

Wie Goldenbow früher einmal ausgesehen hat, zeigt eine aquarellierte Federzeichnung aus der Zeit um 1850. Das alte barocke Gutshaus liegt inmitten einer englischen Parklandschaft. Eine sockelhohe Freitreppe führt zum Eingangsportal des schlichten zweigeschossigen Backsteinbaus mit hohem Mansarddach. Gegliedert und dekoriert wird die Fassade lediglich durch verputzte Kolossalpilaster und Gesimse. In

Jasper von Bülow baute Goldenbow um.

das Mauerwerk der Südseite ist in dunkel gebrannten Ziegeln die Jahreszahl der Erbauung, 1696, eingelassen. Auf dem Bild nicht zu erkennen sind West- und Nordseite des Gutshauses, wo man die Worte MARIA und GIOSEP auf der Fassade liest. Damals wie heute trägt Goldenbow die Lösung zu seiner Deutung in sich.

Kurt Freiherr von Lützow (1645–1708) war der Bauherr des Gutshauses. Er hatte Goldenbow und Marsow 1670 von seinem Onkel geerbt, ebenso den Freiherrntitel, der dem Onkel von Kaiser Ferdinand III. für treue Dienste verliehen worden war. Während des Dreißigjährigen Krieges war der Goldenbower Zweig der von Lützows katholisch geworden, so wie der Kaiser, dem sie stets gedient hatten. Als Kurt Freiherr von Lützow 1678 in erster Ehe Elisabeth Christine von Maltzahn heiratete, mußte sie «papistisch» werden. Und auch die zweite Ehefrau, Anna Magdalena Schenk von Winterstedt, konvertierte bei ihrer Heirat, denn sie erzog ihre zehn Kinder im katholischen Glauben. Von Kurt von Lützow wurde außerdem überliefert, daß er an der Universität Wittenberg eine Dissertation mit dem Titel «Ius Principis circa Fodinas Metallicas» (Über das Recht des Fürsten, Bergwerke anzulegen) veröffentlichte.

Als Katholiken waren die von Lützows zwar geachtet, aber sie gehörten einer Minderheit an. Beim Bau des Gutshauses genügte es Kurt von Lützow keineswegs, den christlichen Leitsatz «Omnia ad Maiorem Dei

Gloriam» (Alles zum höheren Ruhme Gottes) anzubringen, er mußte sein Glaubensbekenntnis direkt im Mauerwerk verankern. Die Namen MARIA und JOSEF, Symbolgestalten der katholischen Kirche, sind wie Hausmarken eingesetzt, sie hatten für den Bauherrn nicht nur eine Schutzfunktion, sondern demonstrierten auch die Glaubensstärke der Familie.

Noch bis 1920 existierte auf dem alten Domfriedhof von Schwerin der Grabstein eines Familienmitglieds von Lützow aus Goldenbow mit den Worten JESUS, MARIA und JOSEF. Nimmt man an, daß der 1823 Verstorbene diese Worte von Goldenbow übernommen hat, so muß das Wort JESUS ebenfalls am Goldenbower Gutshaus angebracht gewesen sein, vielleicht an der Nordfassade unterhalb des Wortes GIOSEP. Möglicherweise waren an dieser Stelle die dunklen Klinker nach Ausbesserungsarbeiten aus Unwissenheit falsch zusammengesetzt worden. Im Goldenbower Gutshaus soll eine Hauskapelle existiert haben, lange Zeit hatten die von Lützow einen Geistlichen angestellt, der die Familie im rechten Glauben unterwies. Als die Lützows Goldenbow verkaufen mußten, stifteten sie ihr silbernes Kruzifix aus der Hauskapelle der katholischen St.-Anna-Kirche in Schwerin. Von den zehn Kindern Kurt von Lützows sind fünf Geistliche geworden. Danach ging Goldenbow 1756 an die Familie von Schilden. Ihr wird der Einbau der prachtvollen Treppe in der Eingangshalle zugeschrieben. Der Treppenforscher Friedrich Mielke wies aufgrund stilistischer Vergleiche nach, daß diese Treppe um 1750 nach englischem Vorbild gebaut worden war.

1852 erbte Jasper von Bülow (1794–1871) von seinem Onkel, dem preußischen Oberhofmeister von Schilden, Goldenbow und Albertinenhof, 1860 kam noch Rodenwalde und Marsow hinzu.

Jasper von Bülow, wie die von Lützows aus alter mecklenburgischer Familie, hatte die Freiheitskriege 1813/14 als mecklenburgischer freiwilliger Jäger miterlebt, er erhielt mehrere Auszeichnungen und widmete sich dann der Forstwirtschaft. Als Oberforstmeister gehörte er zum Hofstaat des Erbgroßherzogs Paul Friedrich und wurde 1858 Oberhofmarschall. Die Goldenbower Güter wurden 1866 in einem Fideikommiß zusammengefaßt. 1862 ging Jasper von Bülow daran, das alte Goldenbower Gutshaus zu modernisieren. Er setzte an die vier Seiten des Hauses jeweils einen Ziergiebel mit Mustern aus dunkel gebrannten Ziegeln und verputzten Pilastern als Dekor. Seine Initialen und das Datum der Vollendung des Umbaus sind im Giebel über dem Eingangsportal verewigt.

1862 erhielt das Gutshaus vier Ziergiebel.

Bis 1945 war Goldenbow im Besitz der Familie von Bülow. Der letzte von Bülow, Friedrich Carl, verließ Goldenbow erst, als ihm der Abtransport ins Lager von Neubrandenburg drohte. 1945 gingen viele Kunstwerke verloren, unter anderem eine Sammlung früher norddeutscher Drucke sowie deutscher Graphik des 16. und 17. Jahrhunderts. Die bedeutende Goldenbower Bibliothek existiert ebenfalls nicht mehr. Bis 1945 war Goldenbow bekannt für seine Remontezucht.

Nach der Bodenreform und der Neubesiedlung entstand in Goldenbow die LPG «Goldene Ähre». Das Gutshaus wurde lange von Flüchtlingen bewohnt, außerdem hatte die Gemeinde dort «Konsum»-Filiale, Poststelle und Kulturraum untergebracht. 1992 pachtete die Witwe Friedrich Carl von Bülows von der Treuhand Land, das seitdem von ihrem Neffen Detlev Werner von Bülow auf Gudow mit bewirtschaftet wird. So versuchen die von Bülows, an alte Traditionen anzuknüpfen. Doch die Zukunft des Gutshauses ist ungewiß.

Groß Schoritz

Bewohner und Besitzer:
Ernst Moritz Arndt und Malte zu Putbus

Unter den mehr als 150 Schlössern und Herrenhäusern auf Rügen, die bis heute erhalten sind, ist Groß Schoritz im Osten der Insel sicher nicht das prächtigste.

Das eingeschossige verputzte Backsteinhaus mit Mansarddach wirkt eher wie ein stattliches Bauernhaus. Dekorative Elemente an der schlichten siebenachsigen Fassade sind die zweiläufige Freitreppe und der gesprengte Giebel über dem Eingang. An die Rückseite des Gutshauses ist im rechten Winkel ein Anbau gefügt; im kleinen Park dahinter wachsen Esche, Blutbuche und Trauerweide.

Groß Schoritz ist Anknüpfungspunkt für die Lebensläufe zweier bedeutender Rüganer: für Ernst Moritz Arndt, der als Sohn des Verwalters in Groß Schoritz geboren wurde, und für Fürst Malte zu Putbus, den Besitzer des Gutes.

Vorbesitzer von Schurtze (slaw. skorici) war 1318 die Familie von Kahlden, ab 1755 der schwedische Reichsgraf von Löwen, der Groß Schoritz bereits zwölf Jahre später wieder an die Grafen von Putbus verkaufte. Erbaut worden ist das Gutshaus um 1750, der Baumeister ist nicht bekannt.

Ernst Moritz Arndt wurde am 26.12.1769 auf Groß Schoritz geboren, was die Inschrift im Giebel seit 1913 bezeugt. Und auch ein Arndt-Gedenkzimmer im Erdgeschoß, in dem fünf Porträts seiner Verwandten aufgehängt sind, erinnert an ihn. In seiner Autobiographie «Erinnerungen aus dem äußeren Leben» hat Arndt Leben, Kindheit und seine Beziehung zu Groß Schoritz beschrieben. Arndt bezeichnet sich darin scherzhaft als «Hochgeborener, weil das Haus meiner Geburt durch eine hohe stattliche Treppe... ein hochadliches Ansehen hatte...». Der Vater Ludwig Nikolaus Arndt war neun Monate vor der Geburt E. M. Arndts vom Grafen Putbus freigelassen worden, er war Verwalter der Schoritzer Güter. Großvater und Urgroßvater Arndt waren Schäfer gewesen, Leibeigene der Grafen Putbus.

Nur die ersten sieben Lebensjahre verbrachte E. M. Arndt in Groß

Schoritz – 1776 pachtete der Vater, als freier Mann, das Gut in Dumsevitz – doch die Zeit in Groß Schoritz war für Arndt prägend. Er hat den
Ort seiner Kindheit phantastisch verklärt und, in seinen Erinnerungen
Gespenstergeschichten um den Grafen von Löwen erzählt, der im
grauen Schlafrock, mit weißer Schlafmütze und Pistolen durch die
Räume spukte. Das Gutshaus selbst erschien dem kleinen Ernst Moritz
groß und prachtvoll: «Schoritz war denn höchst anmutig hart an einer
Meeresbucht gelegen, welche die Halbinsel Zudar von der größeren
Insel abschneidet; ein neues noch glänzend geschmücktes Haus: ein
großer Blumengarten und mehrere Baumgärten: dicht daran eine ganz
kleine Halbinsel, die aber bei hoher Sturmflut oft zu einer Insel ward,
mit hohen Birken und Eichen bepflanzt, worauf wir unsere Sommerspiele zu halten pflegten; gegen Osten des Hofes ringsum ein prächtiger
Eichenwald, in welchem Tausende von Ackerraben ihren horstenden
Wohnsitz zu haben pflegten...» In seinen Erinnerungen schildert
Arndt sein äußeres, d. h. sein öffentliches Leben. Der Theologe, Historiker, der politische Schriftsteller, Patriot und Kämpfer für die deutsche
Einheit hat niemals einen Hehl aus seiner Abneigung gegenüber Napoleon gemacht, weswegen er viele Anfeindungen hinnehmen mußte. Am
schlimmsten traf ihn 1820 der Verlust seiner Professur für neuere Geschichte an der Universität Bonn; erst 1840, mit 71 Jahren, wurde er
rehabilitiert. Zwischen 1820 und 1840 zog sich Arndt vom äußeren, öffentlichen ins private, innere Leben zurück, er besann sich auf seine
Kindheit und gab «Märchen und Jugenderinnerungen» heraus, eine
Sammlung von Märchen aus seiner Heimat.

Vom Besitzer von Groß Schoritz, dem Herrn seines Vaters, spricht
E. M. Arndt voller Respekt: «Von dem General Löwen hatte die Güter
der Graf Malte Putbus gekauft, aus dem vornehmsten und ältesten Rittergeschlecht in der ganzen schwedisch-pommerschen Landschaft, ja
der Sage nach aus dem alten Fürstenstamm der Insel, Erblandmarschall
des Fürstentums Rügen und Präsident der Regierung in Stralsund.»

Dessen Sohn Graf Malte zu Putbus (1783–1854), dem 1807 vom
schwedischen König der Fürstentitel verliehen wurde, ist in die Geschichte Rügens eingegangen, weniger als Besitzer von Groß Schoritz,
wohl aber als Schöpfer der kleinen Residenzstadt Putbus, geschaffen
nach Doberaner Vorbild.

Malte zu Putbus hatte nach Studien in Greifswald und Göttingen
1803 erstmals Pläne gemacht, Schloß und Park von Putbus, dem Stammsitz seiner Familie seit 1371, umzugestalten. Nach längeren Reisen

Hat die Zeiten überdauert: das Gutshaus von Groß Schoritz.

durch ganz Europa faßte Fürst Wilhelm Malte I. den Entschluß, aus Putbus ein Seebad zu machen. 1817/18 entstanden Kursalon, Konzertpavillon und das Badehaus in Lauterbach, benannt nach seiner Frau, einer Baronin Lauterbach. 1819 hatte Putbus bereits 300 Badegäste. 1821 kam ein Schauspielhaus hinzu, und von 1827 bis 1832 wurde das Schloß durch den Schwager Friedrich Schinkels, Johann Gottfried Steinmeyer, umgebaut.

An den Plänen für das Jagdschloß Granitz, das Wilhelm Malte nach 1836 für die Unterbringung seiner Gäste errichten ließ, waren neben Schinkel auch der preußische König Friedrich Wilhelm IV. beteiligt.

Trotz der schon durch ihre Herkunft unterschiedlichen Lebensbedingungen von Ernst Moritz Arndt und W. Malte zu Putbus finden sich Parallelen, ähnliche Interessen und Zielsetzungen. Beide waren aufgeklärte, gebildete Menschen, beiden lag das Thema Leibeigenschaft am Herzen. Offiziell wurde die Leibeigenschaft 1816 aufgehoben, doch schon 1802 verfaßte E. M. Arndt einen «Versuch einer Geschichte der Leibeigenschaft in Pommern und Rügen». Dem Vater Wilhelm Maltes, Malte Friedrich, fiel es nicht schwer, 1769 den Vater Ernst Moritz Arndts freizulassen.

Fürst Malte I. schuf sich zwar eine Residenz, passend zum Fürstentitel, und frönte damit seiner Bauleidenschaft, aber gleichzeitig schuf er für die Bauern die Möglichkeit, in Erbpacht Land zu übernehmen. Schon frühzeitig erkannte er die Bedeutung der Bauern und unterstützte sie.

Während Malte zu Putbus sich mit der Schaffung seiner Residenzstadt ein bleibendes Denkmal gesetzt hat, ist die Hinterlassenschaft E. M. Arndts eher geistiger Natur, wobei die vier Bände von «Geist der Zeit», entstanden zwischen 1807 bis 1818, zuerst genannt werden müssen. Arndt selber repräsentiert den Zeitgeist um 1800, seine Schriften schildern die Situation in Deutschland während der Franzosenzeit und den Befreiungskriegen.

1945 besaß die Familie zu Putbus auf Rügen noch mehr als 10000 Hektar Land. Wie alle anderen Großgrundbesitzer in Ostdeutschland wurden sie durch die Bodenreform enteignet. In den Bestimmungen zum Einigungsvertrag 1990 wurde festgelegt, daß all diejenigen, die mehr als 100 Hektar Land besessen haben, nichts zurückbekommen werden, es sei denn, sie wurden im Nationalsozialismus verfolgt. Der letzte Besitzer des Hauses Putbus ist im Februar 1945 im KZ Oranienburg ermordet worden. Dennoch muß sein Sohn, Franz zu Putbus, heute darum kämpfen, wenigstens einen Teil seines Erbes zurückzuerhalten.

Franz zu Putbus lebt heute wieder zeitweise auf Rügen. Und auch die Nachkommen Ernst Moritz Arndts erwägen, sich auf Rügen niederzulassen. Während das prachtvolle Schloß Putbus als Zentrum der fürstlichen Residenzstadt den SED-Funktionären ein derartiger Dorn im Auge war, daß sie es 1960 sprengen ließen, hat das unscheinbare Gutshaus in Groß Schoritz die Zeiten überdauert.

*Ernst Moritz Arndt
wurde in Groß Schoritz
geboren.*

Ivenack

Einst war das Gestüt berühmt

Die Geschichte von Ivenack im Landkreis Malchin beginnt etwas außerhalb des Ortes im Tiergarten, wo neben jahrhundertealten Platanen und Buchen sechs Eichen stehen, die ältesten Europas. Schon Fritz Reuter hat die Eichen um 1860 als tausendjährig bezeichnet. Fachleute schätzen jedoch ihr Alter auf 1300 bis 1500 Jahre. Die Eichen müssen also gepflanzt worden sein, als slawische Stämme im 7. Jahrhundert begannen, das Gebiet des heutigen Mecklenburg-Vorpommern zu besiedeln. Die Eiche war den Wenden heilig. Für Ivenack als slawischer Siedlungsort spricht auch die Tatsache, daß sich hier ein See befindet; viele der 231 in Mecklenburg-Vorpommern ausgegrabenen slawischen Siedlungen lagen entweder an einem See oder in einer Flußniederung.

Der Tiergarten, in dem heute noch Damwild gehalten wird, gehört zum Park und Schloß Ivenack, das zusammen mit dem Gutsdorf seit 1966 unter Denkmalschutz steht.

Die Hauptstraße des Dorfes, an der einige der eingeschossigen Wohnhäuser noch aus dem 18. Jahrhundert stammen, bildet die Hauptachse der gesamten Gutsanlage und führt direkt auf das Schloß zu. Auf dem Weg durch den Park kommt man zuerst am Gartenhaus vorbei. Der eingeschossige Putzbau mit Walmdach liegt direkt am See. Die Orangerie dem Gartenhaus gegenüber hat bis zum Boden reichende Rundbogenfenster, eingefaßt von Pilastern, und ein Mansarddach. Kurz vor dem Schloß liegt linker Hand die Kirche mit einschiffiger Halle und vorgesetztem Turm. Der Marstall, rechts vom Schloß, hat Mittel- und Eckpavillons und ist halbkreisförmig angelegt.

Das Schloß selbst ist ein zweigeschossiger Putzbau mit H-förmigem Grundriß. Das Portal wird betont durch einen Mittelrisalit, der in seinem Dreiecksgiebel eine Wappenkartusche trägt. Die Seitenflügel sind bekrönt von Segmentgiebeln mit Reliefs allegorischer Darstellungen.

Die Lindenallee, die durch den Park verläuft, endet am See. In Verlängerung der Lindenallee führt die Sichtachse über den See hinweg ans andere Ufer, wo ein kleines Gebäude als point de vue den eigentlichen Abschluß bildet.

Schon früh ist in Ivenack ein Kloster gegründet worden, was auch als Indiz für die slawischen Anfänge des Ortes gelten kann. Probates Mittel der Christianisierung ist gewesen, Kloster oder Kirche stets an einen Platz zu setzen, der bei den «Heiden» eine besondere Bedeutung hatte. Reimbern von Stove hat 1252 in Ivenack den Zisterzienserinnen ein Kloster gestiftet, das bis zur Reformationszeit von den jeweiligen Landesherren unterstützt und mit Landbesitz ausgestattet wurde. Nach der Säkularisierung ging der Klosterbesitz an die Herzöge über. 1709 wurde der Geheimrat Ernst Christoph von Koppelow Besitzer von Ivenack. Möglicherweise hat er die alte Klosterkirche, die im Dreißigjährigen Krieg zerstört worden war, wieder aufgebaut und auch das Schloß, das auf den Fundamenten des Klosters errichtet worden war, umgebaut und erneuert. Das Reliefporträt des Herrn von Koppelow hat sich in seinem Epitaph in der Kirche erhalten. Es entstand 1721 in der Werkstatt des Wismarer Bildhauers Heinrich Johann Bülle. 1740 heiratete die Witwe Koppelows in zweiter Ehe den kursächsischen Kabinettsminister Helmuth Graf von Plessen, der wiederum Ivenack seinem Neffen und Patenkind Helmuth Burchard von Maltzahn vermachte, da er keine eigenen Kinder hatte.

Die von Maltzahns stammten aus dem Lüneburgischen; im Zuge der Ostkolonisation waren sie zunächst ins Bistum Ratzeburg gekommen, das Heinrich der Löwe 1154 gegründet hatte. Später ließen sich die Maltzahns bevorzugt im Landkreis Demmin nieder.

Am 16. März 1761 trat Helmuth Burchard von Maltzahn (1721 – 1797) das Erbe seines Onkels an. Zum Majorat Ivenack gehörten damals 10 Güter, 12 zinspflichtige Dörfer sowie der Allodialbesitz des Gutes Cambs bei Schwerin. Zum Erbe gehörte auch die Verpflichtung, den Namen der Grafen von Plessen zu tragen. 1765 gab Friedrich der Große den von Maltzahns auf Ivenack die Erlaubnis, Namen und Wappen der Grafen von Plessen weiterzuführen.

Helmuth Burchard Freiherr von Maltzahn Graf von Plessen, geboren auf Kummerow, hatte in Halle Jura studiert und ging mit 21 Jahren als preußischer Gesandter an den schwedischen Hof, bevor er Majoratsherr auf Ivenack wurde. Der große Besitz warf so viel ab, daß er die Ivenacker Kirche barock umgestalten konnte, Orangerie und Gartenhaus neu erbaute und den Park erweiterte. Und auch der Bau des Marstalls ist Helmuth Burchard zuzuschreiben, denn er war es, der den Grundstein legte für das später so berühmte Ivenacker Gestüt.

Anläßlich seiner Reise durch Mecklenburg besuchte Otto Friedrich

Ivenack auf einer alten Aufnahme vor 1945.

von Buchwald 1786 auch Ivenack. Am 14. Juli schrieb er darüber: «Der Eigenthümer von Ivenack ist ein Graf Maltzahn Pless, recht ein Mann nach der großen Welt, sehr höflich, und dazu geschaffen, mit Anstand und Würde jährlich dreissig und mehrere tausend Rthlr. zu verzehren, welche dieses Stammgut… jährlich eintragen soll.»

Hellmuth Burchard hatte zwar acht illegitime Kinder, doch keinen Erben, da er sich zur Ehe nicht hatte entschließen können. So erbte nach seinem Tode sein Neffe Albrecht Joachim (1762–1828) 1797 Ivenack. Albrecht Joachim studierte ebenfalls Jura und Staatliche Verwaltungslehre. Er führte bis 1797 den Gutsbetrieb auf Gültz und Rottmannshagen.

Für seinen Onkel Helmuth Burchard reiste Albrecht Joachim nach England und kaufte aus der Zucht von Morwick Ball einen prachtvollen Araberhengst. Einer seiner Nachkommen ist der berühmte Schimmelhengst Herodot gewesen. Obwohl man ihn in einer hohlen alten Eiche versteckt hatte, wurde er von den Truppen Napoleons, als diese Mecklenburg besetzten, entdeckt und mit nach Frankreich genommen. Sieben Jahre später, als die Preußen in Frankreich einrückten, ließ Feldmarschall Blücher, ein Vetter derer von Maltzahn, nach dem Pferd fahnden und es nach Ivenack zurückbringen.

Albrecht Joachim ließ das Ivenacker Schloß nach 1797 klassizistisch umbauen und modernisieren. Er setzte die beiden Seitenflügel und den Mittelrisalit an der Hofseite an und stattete den großen Festsaal mit Gobelins aus, die aus den Pariser Tuilerien stammten. Über einen Besuch Ivenacks schrieb 1830 der englische Pferdekenner Charles James Apperby begeistert: «Einen Besitz, wie er in Ivenack vereinigt war, hatte ich bisher nicht für möglich gehalten. Auf meine Frage erfuhr ich, daß auf der gräflichen Begüterung 15 000 Schafe standen. Infolgedessen und wegen des großen Gestüts – sagte mir Baron Maltzahn – halten wir *nur* 1300 Kühe!» Und über das Gestüt schrieb Mister Apperby: «...in den beiden ersten Ställen, die wir besichtigen, standen 100 Pferde in voller Kondition, die Renn- und Reitpferde... nicht einbegriffen.»

Die Erben Albrecht Joachims hatten keine so glückliche Hand und übernahmen sich finanziell; das Gestüt mußte aufgegeben werden. Erst Adolf von Maltzahn Plessen (1835–1909) gelang es, Ivenack zu sanieren und das Gestüt ein zweites Mal aufzubauen. Adolf kümmerte sich um den Landschaftspark, erwarb den alten Maltzahnschen Besitz Kummerow zurück und beteiligte sich an den Mecklenburgischen Nachrichten. Er ließ 1896 den Altar der Kirche restaurieren und den Glockenturm neu errichten. Auch Orgel und Heizung ließ er erneuern.

Um 1900 hatte Ivenack noch eine Größe von 7400 Hektar.

Letzter Majoratsherr auf Ivenack war Albrecht von Maltzahn Graf von Plessen (1891–1945). Er erlebte den Einmarsch der Russen am 30. 4. 1945. Nicht nur die Frauen im Dorf, auch die Familie von Plessen wurde von den Soldaten sadistisch mißhandelt. Am 1. Mai ertränkten sich deshalb viele der Ivenackerinnen zusammen mit ihren Kindern im See. Am 6. Mai erschossen sich die Plessens in einem Wäldchen mit einem Jagdgewehr. Dorfbewohner beerdigten sie heimlich neben der Kirche und setzten Birken auf das Grab. Von den drei Söhnen fiel einer im Krieg, einer starb im Lager Neubrandenburg.

Manfred von Maltzahn Graf von Plessen, der Erbe von Ivenack, versuchte bisher vergeblich, Ivenack zurückzukaufen und Land zu pachten.

Das Schloß, das schon seit langem ein Behindertenheim ist, wurde 1993 vom Landkreis Malchin zum Verkauf angeboten.

Karlsburg

Eine «Unvollendete» aus Stein

*Carl Heinrich
Behrend von Bohlen
begann 1728 mit
dem Schloßbau.*

Ein Sandsteinkapitell des längst zerstörten Wolgaster Schlosses im Park
von Karlsburg steht in sichtbarem Zusammenhang zu den Herzögen
von Pommern-Wolgast. 1589 belehnten sie einen ihrer verdienten Un-
tertanen, den Kammerrat Melchior von Normann, mit dem Gut Gnatzkow – so hieß der Ort ursprünglich.

Die Normann, ein altes rügensches Geschlecht, hatten in Gnatzkow
ein Herrenhaus errichtet, das jedoch durch den Dreißigjährigen Krieg
stark in Mitleidenschaft gezogen worden war. Pommern war seit 1648
schwedisch. In ihrer Landesmatrikel von 1694, einem genauen Kataster,
der ganz Pommern erfaßte, vermaß und beschrieb, heißt es über Gnatzkow: «Normann ließ hier ein großes Stein- und Lehmgebäude erbauen,
welches noch hier steht, aber sehr zerstört ist, teils wüst und teils einzu-
fallen droht. Der gegenwärtige Besitzer Bool wohnt auf Rügen.»

Durch Heirat war das Gut Gnatzkow an die Familie von Bohlen gekommen. Doch erst 1728 entschloß sich Carl Heinrich Behrend von
Bohlen (1707–1757) dazu, ein neues Gutshaus zu bauen, wofür er eine
Ziegelei anlegen ließ. 1731 begann er mit dem Neubau auf den Fundamenten des alten Wohnhauses, bis ein Großfeuer die Bautätigkeit jäh

Weißer Saal mit Stukkaturen aus der Zeit der Erbauung.

unterbrach: «Am Tage des Herrn, des 24. August, abends ½ 9 Uhr, nachdem am selbigen Tage der Erndtekrantz von dem Gesinde aufgebracht worden, entstand auf dem Adelshoffe eine hefftige Feuersbrunst, so zwischen dem Pferdestall und der ersten Scheuer aufgegangen, ohne daß man erfahren können, wodurch das Feuer entstanden.» Herr von Bohlen ließ sich's nicht verdrießen und baute weiter, so daß er schon 1733 in das Haupthaus einziehen konnte.

Bis zu seinem plötzlichen Tod 1757 waren das Corps de logis, ein schlichter zweigeschossiger Putzbau, von neun Achsen Breite mit Mansarddach und Dreiecksgiebeln über den Risaliten und der daran mit einem Galeriebau angebundene Ostflügel vollendet.

Den Konkurs des Gutsbetriebes erlebte der inzwischen in den Reichsgrafenstand erhobene Carl Heinrich Behrend von Bohlen nicht mehr.

Sein ältester Sohn Carl erwarb das Gut aus der Konkursmasse zurück. Glücklicherweise hatte er als Adjutant Friedrichs des Großen preußische Sparsamkeit gelernt; Carl verzichtete darauf, den noch fehlenden Westflügel anzubauen. So ist das Schloß bis heute unvollendet geblieben.

Über den Baumeister ist nichts bekannt. Der französische Garten wurde um 1790, der Mode entsprechend, in einen englischen Park umgewandelt. Die reiche Innenausstattung des weißen Saals mit zarten Stukkaturen stammt aus der Zeit der Erbauung. An den Wänden hängen zum Teil die Gemälde derjenigen, die hier im Festsaal getafelt und sich am Kamin gewärmt haben.

Antoine Pesne, der Hofmaler Friedrichs des Großen, porträtierte dessen Feldmarschall Curd Christoph Graf von Schwerin. Es ist anzunehmen, daß der Graf, wenn er nicht gerade eine Schlacht für seinen König gewinnen mußte, des öfteren im Schloß zu Besuch war. Seine Schwester war mit einem von Bohlen verheiratet, der Weg von seinem Gut Schwerinsburg zum Gnatzkower Schloß war nicht allzu weit.

Schloß Karlsburg mit Haupthaus und Ostflügel.

Ein weiteres Bild Antoine Pesnes stellt die Schwester Friedrichs des Großen, Ulrike Louise von Preußen, dar: Unterwegs zu ihrem Gatten, dem Herzog Adolf Friedrich von Holstein-Gottorf, der später schwedischer König wurde, machte sie 1744 in Gnatzkow Station.

Auch der schwedische König Gustav III. nahm in Gnatzkow Quartier und bestimmte 1771, den Ort zur Erinnerung an seinen Besuch nach dem Besitzer Carlsburg zu nennen. Der Name von Bohlen wurde nach der Heirat Caroline von Bohlens 1858 mit einem Herrn von Bismarck zu Bismarck-Bohlen erweitert. Ein prominenter Verwandter ging, zumindest in seinen Jugendjahren, im Karlsburger Schloß ein und aus: Otto von Bismarck, der später deutscher Reichskanzler wurde.

Dr. iur. Fritz Ulrich Graf von Bismarck-Bohlen war der letzte Besitzer von Karlsburg. Er gehörte der bekennenden Kirche an und förderte die Universität Greifswald. Während des Krieges hatte er wertvolle Kunstschätze, wie zum Beispiel den Croy-Teppich und Archivalien der Universität, in Karlsburg eingelagert. Außerdem hatte er einen Teil des Schlosses an die Universitäts-Kinderklinik vermietet. Als die Russen nahten, ließ er die Kunstschätze nach Lübeck in Sicherheit bringen.

Einen Tag bevor die Rote Armee Karlsburg erreichte, nahm sich Graf von Bismarck-Bohlen das Leben.

Karlsburg ist heute Zentrum des Katsch-Institutes, einer Diabetiker-Forschungsanstalt mit Klinikbetrieb. Dadurch ist das Schloß erhalten geblieben und immer wieder restauriert worden.

Lehsen

Sommerfrische mit Bad

Lehsen bei Wittenburg ist schon zur Bronzezeit besiedelt gewesen, wovon mehrere Hügelgräber und einige Funde, wie z. B. ein Schwert, Keramik und Schmuck, zeugen. Im Namen selbst steckt der altslawische Begriff lesu, was soviel wie Wald bedeutet. Reste der ersten spätmittelalterlichen Burg lassen sich ebenfalls nachweisen: Es gibt zwei von Gräben umzogene Turmhügel nahe bei der heutigen Gutsanlage.

Von 1701 bis 1899 besaß die Familie von Laffert das Gut Lehsen. Die von Lafferts stammten aus Niedersachsen, wo sie mehrere Güter und zwei Fabriken in Celle hatten. Ab 1700 begannen sie, in Mecklenburg Grundbesitz zu erwerben; zu Lehsen und Dodow kamen Dammereez, Schwechow und Groß Welzin hinzu, außerdem Dersenow und Bantzin.

Der erste derer von Laffert, der sich für den Lehsener Besitz interessierte, war Ludolph Friedrich (1757–1808). Er hatte ein ausgeprägtes Interesse für Botanik und verfaßte drei botanische Bücher. Ludolph Friedrich von Laffert war es, der in Lehsen einen englischen Park mit exotischen Bäumen, wie zum Beispiel dem Gingkobaum, dem Mammutbaum oder der Sumpfzypresse, anlegte. Außerdem ließ er eine heute

Lehsen auf einer alten Photographie.

nicht mehr erhaltene Orangerie errichten, in der er 200 Obstsorten züchtete. Er lebte jedoch hauptsächlich in Celle.

Auch sein Sohn Ernst August (1792–1868) verbrachte Kindheit und Jugend in Celle, kaufte sich vom französischen Militärdienst frei und studierte in Göttingen Jura. Er kämpfte auf hannoverscher Seite gegen die französischen Truppen und erhielt durch seinen Onkel die Möglichkeit, die diplomatische Laufbahn einzuschlagen. Doch 1817 entschloß er sich, das durch die Kriegswirren schwer geschädigte Gut Lehsen selbst zu bewirtschaften, und nahm seinen Abschied. Von nun an konzentrierte er all seine Energie und sein gesamtes Vermögen auf Lehsen. Er verkaufte seine Wachslichtfabriken in Celle, zahlte seine Geschwister aus und begann Gut und Dorf Lehsen völlig neu zu gestalten. Als Architekt beauftragte er Johann Christian Lillie, der schon die beiden Gutshäuser seiner Schwiegereltern von Köhnemann, Pritzier und Schönfeld, gebaut hatte.

Der deutschstämmige Johann Christian Lillie, Sohn eines Tischlers, hatte an der berühmten Kopenhagener Akademie unter Harsdorff studiert, viele Auszeichnungen erhalten und beim Abschluß des Studiums 1779 zusammen mit Christian Frederik Hansen die Große Goldmedaille gewonnen. Wohl auf Vermittlung des inzwischen in Altona tätigen Hansen ging J. C. Lillie 1799 nach Lübeck, wo er 1813 Stadtbaumeister wurde. Nicht nur in Lübeck und Schleswig-Holstein, auch in Mecklenburg hat Lillie zahlreiche Bauten hinterlassen, so das Mausoleum der Helena Paulowna in Ludwigslust (1806), die Herrenhäuser in Cramon (1804 zusammen mit Hansen), Schönfeld (1817–1820), Pritzier (1820–1825), Lehsen (1822) und als letztes Herrenhaus das im Landkreis Herzogtum Lauenburg gelegene Gudow (1826).

Lehsen ist ein typischer Lillie-Bau: streng, schlicht und klar, gegliedert lediglich durch die Fenster und den Portikus, der mit seinen vier Kolossalsäulen den Eingang betont. Über der Eingangstür steht zu lesen: «Musis et amicis» – gewidmet den Musen und den Freunden. Seit 1847 war Lehsen aber nicht ausschließlich Freunden, sondern auch Kurgästen gewidmet, denn Ernst August von Laffert gründete in Lehsen eine Wasserheilanstalt, was damals große Mode war.

Für die Kurgäste gab es sechs Logierhäuser nebst Remisen und Ställen, zwei Duschen, ein Wellenbad und einen Eiskeller; außerdem ein Restaurationsgebäude mit Speisesalon, Billardzimmer und Lesekabinett, dazu kamen eine Turnhalle und die Kegelbahn. Eine zwanzigköpfige Musikkapelle sorgte für die Unterhaltung der Kurgäste, die aus-

Lehsen um 1850, mit den Hirschen von Christian Daniel Rauch am Eingang.

drücklich Garten, Park und den mit Damwild bestückten Tiergarten hinter dem Herrenhaus besuchen durften.

Ernst August schrieb an seine Mutter: «Der Weggang des Majors wird übrigens dem Faubourg St. Germain keinen Abbruch thuen, und zwar umso weniger, da dessen Villa schon wieder an den Grafen von Thurn und Taxis vermietet worden ist.» Mit Faubourg St. Germain bezeichnete von Laffert eine Reihe von Villen, die er für die Gäste hatte errichten lassen. Dem Kurort Lehsen kam zugute, daß von Laffert zahlreiche Chausseen neu baute, so die Straße von Schwerin nach Boizenburg, von Rostock nach Tessin, von Wittenburg nach Vellahn und von Wittenburg nach Hagenow. Von Boizenburg nach Hamburg verkehrte sein Dampfer «Friedrich Franz». Die Pferde-Omnibuslinien Schwerin / Boizenburg und Lüneburg / Artlenburg richtete von Laffert ebenfalls ein. Personenbeförderung und Chausseegeld bedeuteten eine weitere Einnahmequelle; außerdem war so eine gute Verkehrsanbindung Lehsens gegeben.

Unter Ernst August von Laffert erlebte Lehsen seine Blütezeit. Schon der Sohn, der noch 1868 das Erbbegräbnis der Familie im gotischen Stil hatte errichten lassen, mußte Lehsen 1899 krankheitshalber verkaufen.

Luplow

700 Jahre Familiengeschichte

Wenn Luplow in der Mark Brandenburg gelegen wäre, hätte sich schon längst Theodor Fontane des Ortes und der 700 Jahre langen Chronik der Familie von Voß bemächtigt und mit Humor und Genauigkeit die Verdienste und Niederlagen, Schlachten und Scharmützel, Streitig- und Festlichkeiten geschildert.

Die von Voß kamen im Gefolge Heinrichs des Löwen aus Westfalen oder Niedersachsen nach Mecklenburg, waren also nicht wendischen Ursprungs. Offiziell aber beginnt ihre Geschichte erst mit dem 29. August 1292, an diesem Tag belehnte Fürst Nikolaus von Werle-Güstrow den «treuen Ritter Heinrich, genannt Voss vom Wolde, für geleistete Dienste während der Kriegsnot mit Luplow und Rosenow zu dauerndem Besitz».

Im Lehnsbrief finden wir den Begriff ‹Lupegloue›, ein slawisches Wort, das soviel wie Spaltekopf bedeutet. Vielleicht ist in Lupegloue vorher ein Wendenfürst seiner Lieblingsbeschäftigung, Köpfe zu spalten, nachgegangen. Aber auch die Herren von Voß – nomen est omen – sind auf Luplow in ihrer langen Geschichte nicht nur friedfertig gewesen, sie mußten auch selbst Schicksalsschläge einstecken: Ein Jacob Voß wurde 1490 vom bösen Bernd Moltzan gerädert. Valentin Voß fiel 1575 einem Meuchelmord zum Opfer, Achim Voß wiederum erschlug 1535 in einem Streit auf offener Straße den Achim Kampe. Um Luplow selbst hat es immer wieder Streitigkeiten gegeben, in Erbauseinandersetzungen wurde prozessiert, hohe Schulden bedingten Konkurse. Mehrfach wurde um Luplow gewürfelt, allerdings meistens unter notarieller Aufsicht. Trotzdem war das Gut Luplow von 1292 bis 1945 ununterbrochen im Besitz der Familie von Voß.

Das kleine Gutsdorf Luplow liegt im Landkreis Altentreptow. Reste einer mittelalterlichen Burganlage mit Hügel und Wassergraben lassen sich im Luplower Park noch ausmachen. Wann der Vorgängerbau des heutigen Gutshauses entstanden ist, läßt sich nicht mehr feststellen. Eine Taxierung Luplows nach dem Dreißigjährigen Krieg gibt eine trostlose Beschreibung. Da heißt es: «Auf dem Rittersitz lieget das

Nicht mehr erhalten ist das Torhaus.

Wohnhaus, Scheune und alle anderen Zimmer nieder und sein weg. Das Backhaus… ganz dachlos… der Baum und andere Garten liegen wüste.» Von den Dorfbewohnern waren noch zwei am Leben, der Krieg hatte aus Luplow eine Wüstenei gemacht.

Bis 1618 gab es in Luplow noch zwei bewohnte adlige Höfe, dazu Pfarre, Dorfkrug und Schulzenamt; 10 Bauleute und 10 Kätner lebten außerdem im Ort. Um den Bau des Gutshauses, wie es heute dasteht, haben sich drei Vösse verdient gemacht: Adam Carl von Voß (1699–1765), sein Sohn Friedrich Johann Christoph (1725–1808), genannt der Rittmeister, und Carl von Voß (1802–1888), der Kammerherr.

Der Landwirt Adam Carl von Voß erwarb Luplow 1752 aus einem Konkurs. Er hatte bis dahin auf Schwandt gelebt, wo er 1702 das Gutshaus baute. Nun begann er, in Luplow ein neues Gebäude nach dem Vorbild des Schwandter Hauses zu errichten, wahrscheinlich auf den Grundmauern des Vorgängerbaus aus dem Dreißigjährigen Krieg. Dabei kam Adam Carl schon eine gewisse bauliche Erfahrung zugute, da er 1722 Neuhof (Marienhof) und 1730 Karlshof hatte erneuern lassen. Eine hauseigene Ziegelei lieferte das Baumaterial.

Entstanden ist ein Bau, der aus mehreren Teilen zusammengesetzt ist.

Pavillons sind durch niedrige Flügel dem Mittelbau angegliedert, Hauptbau und Pavillons haben Mansarddächer, die Flügel Satteldächer. Die schlichte Fassade ist durch Putzquaderung fein strukturiert.

Da unter Adam Carl in Luplow vieles an Gebäuden und Aktivitäten dazugekommen war, erhielt er am 14.11.1752 einen neuen Lehnsbrief. Zu Luplow gehörten damals neben Schwandt die Meierei Neuhof (Marienhof), Voßfeld, die Fischerei auf dem Schwandter See und das Jagdrecht. In Luplow gab es auch eine Glashütte, 1734 angelegt und zwar dort, wo heute Gut Voßfeld liegt. Nach dem Dreißigjährigen Krieg nahm der Waldbestand sehr zu, so daß man genug Holz für eine Glasbläserei hatte. Allein im Bezirk Neubrandenburg hat es im 18. Jahrhundert 42 Glashütten gegeben.

Wieweit das Gutshaus unter Adam Carl gediehen ist, läßt sich nicht genau sagen; der Sohn Adam Carls, Friedrich Johann Christoph, vollendete den vom Vater begonnenen Bau.

1765 siedelte der Rittmeister, der zuvor in mecklenburgischen Diensten gestanden hatte, von Voßfeld nach Luplow über und ließ die 23 Räume des Gutshauses ausgestalten. Im Gartensaal durfte Gutsmaurer Crasemann die Stukkaturen an der Decke ausführen mit den Wappentieren Fuchs (von Voß) und Bär (seiner Frau Eva Juliane von Behr). Über der Eingangstür ist der 1766 geborene Sohn Joachim als Putto dargestellt.

Auch Garten und Hof ließ der Rittmeister umgestalten und vor dem Gutshaus im Halbkreis Kastanien anpflanzen, so daß das Wohnhaus innerhalb der geschlossenen Hofanlage von den Wirtschaftsgebäuden abgetrennt war. Zum Schluß wurde das Torhaus erbaut. Die Wetterfahne nannte als Baujahr 1777.

Aus der Zeit des Rittmeisters gibt es noch einen Scherenschnitt, der anläßlich der Hochzeit seiner Tochter am 2.7.1790 entstanden ist. Er zeigt ihn mit seiner Frau und den vier Kindern. Bei der Hochzeitsfeier, die im Gartensaal abgehalten wurde, war auch der Herzog zu Mecklenburg-Strelitz, Fritz Reuters «Dörchläuchting», zugegen.

1848 erbte der Kammerherr Carl von Voß Luplow und setzte vor den Hauptbau den Mittelrisalit mit der Steintreppe. Auch die Eingangstür ließ er erneuern und Molkereihaus und Schweinestall neu bauen.

1945 endete vorerst einmal die Geschichte von Luplow und den von Voß. Sämtliches Mobiliar wurde von den Russen requiriert und abtransportiert. Darunter befanden sich Bilder von Spitzweg und Tizian, lederbezogene Stühle mit der Prägung des Vossischen Wappens und einer der fünf Schreibsekretäre, die Adam Carl einst für seine fünf Töchter hatte anfertigen lassen. Dabei war auch der Spieltisch des Rittmeisters, an dem er mit dem Pastor l'ombre gespielt hatte – im Sommer unter den Kastanien vorm Haus.

Nach dem Krieg wurde das Torhaus von einem Siedler abgerissen, das Baumaterial weiterverwendet. Die Spitze des Torhauses verwahrt noch der Pastor. Tapeten mit Jagdszenen, die ein Voß aus einem Ardennenschloß mit nach Luplow gebracht hatte, wurden überstrichen, 1987 mußte einer der Pavillons wegen Baufälligkeit abgerissen werden. Was jetzt noch von der Gutsanlage steht, ist von so guter baulicher Substanz, daß sich eine Renovierung lohnen würde.

Und der Fachmann dafür ist auch schon gefunden. Fritz von Voß, der Erbe von Luplow, ist Architekt. Er würde sein Elternhaus gerne wieder zum Stammsitz der Familie machen, natürlich unter Einbeziehung des Dorfes; die Dorfbewohner würden sich freuen, wenn er wiederkäme. Anläßlich der 700-Jahr-Feier der Familie Voß am 29. 8. 1992 im Gartensaal des Gutshauses wurden alte Erinnerungen ausgetauscht.

Fritz von Voß wartet jetzt nur noch, ob die Bundesregierung den Alteigentümern eine Entschädigung zukommen läßt, die er für die Renovierung einsetzen kann. Das Modell des Torhauses steht auf seinem Schreibtisch, die Bauzeichnungen des Gutshauses sind längst fertig. Doch was bedeutet es schon, ein paar Jahre zu warten, angesichts von 700 Jahren Familiengeschichte!

Gutsmaurer
Crasemann
schuf die Stukkaturen.

Neetzow

Ein Tudorschloß für Herrn von Kruse

Neetzow in Vorpommern liegt etwa 22 Kilometer nordwestlich von Anklam entfernt. Das Schloß ist auch heute noch relativ gut erhalten und bietet ein eindrucksvolles Beispiel für den romantisch-historisierenden Stil um die Mitte des 19. Jahrhunderts, der seine Vorbilder in England hatte.

Der Grundriß des Schlosses ist asymmetrisch, die Türme sind zinnenbewehrt. Während der Haupteingang durch einen dreiachsigen Mittelrisalit betont wird, leiten auf der Rückseite des Gebäudes Wintergarten und Terrassen zum Park über. Im Kellergeschoß befanden sich die Küche und die Vorratsräume, im Erdgeschoß gelangte man vom Vestibül in Wohn- und Empfangszimmer, in die Bibliothek und ins Jagdzimmer. Festsaal und Speisesaal, die jeweils über zwei Geschosse reichten, bildeten das Zentrum des Hauses. Schlaf- und Gästezimmer befanden sich im ersten Stockwerk.

Erbaut wurde Schloß Neetzow 1848 von dem Schinkel-Schüler Friedrich Hitzig (1811–1881), *dem* Privatarchitekten in Berlin, der unter anderem die Neue Börse und die Deutsche Reichsbank baute und 1887–1881 Präsident der königlichen Akademie der Künste in Berlin war. In Mecklenburg-Vorpommern entwarf er die Schlösser in Kittendorf, Bredenfelde, Kartlow und Göhren, außerdem gestaltete er Remplin um.

Die Bauzeit für Neetzow betrug zehn Jahre; es wurden nur allerbeste Baumaterialien verwendet. So stammten die im Wintergarten verbauten gußeisernen Verstrebungen und die Fabelwesen auf der Terrasse aus der Borsigschen Fabrik in Berlin; Terrakottafriese und -reliefs der Außenfassade wurden von der Feilnerschen Ofenfabrik in Berlin geliefert, die auch die berühmten Schinkel-Öfen herstellte. Die gelben Ziegel wurden in der gutseigenen Ziegelei gebrannt, die nach dem Schloßbau erschöpft war und geschlossen wurde. Die prachtvollen Stukkaturen im Innern stammten von Handwerkern aus der berühmten Wessobrunner Schule.

Am Neetzower Schloß zeigt sich nachweislich der Einfluß Schinkels, der die mittelalterlichen Stile wiederentdeckt und sie bestimmten Bau-

Neetzow, Hauptfassade (unten) und Eingangshalle (oben)

aufgaben zugeordnet hatte: In Anlehnung an die Architektur des Schlosses Babelsberg (1834) verband der Schinkel-Schüler Hitzig romanische und gotische Stilelemente und schuf einen romantischen Landsitz nach englischem Vorbild.

Das romantische Element muß auch beim Bauherrn Wilhelm von Kruse (1823–1866) eine Rolle gespielt haben. Die von Kruses, geadelt 1784, besaßen Neetzow seit 1803. Wilhelm von Kruse, der ein beträchtliches Erbe angetreten hatte, war selbst wirtschaftlich äußerst erfolgreich; er erweiterte seinen Besitz auf insgesamt 3500 Hektar – die größte Ausdehnung, die Neetzow jemals gehabt hat. Zugute kamen ihm vor allem die ansteigenden Kornpreise nach mehreren Agrarkrisen, nach der Hungerkatastrophe in Irland 1845/46 sowie der Aufhebung der englischen Getreideschutzzölle 1846.

Wilhelm von Kruse baute um 1840 in Priemen am Ufer der Peene ein großes Lagerhaus und ließ von dort aus das Getreide mit Flußkähnen bis nach Stettin verschiffen. Dort wurde es auf Segelschiffe umgeladen und nach England bzw. Irland befördert.

Wilhelm von Kruse war nicht verheiratet, um so mehr aber den Dorfschönen zugetan. Er hatte mehrere uneheliche Kinder, sorgte aber, wenn eine Liaison zu Ende war, ebenso für die Mütter wie für die Kinder; die Kinder wuchsen bei befreundeten Familien auf, die Mütter wurden mit braven Bürgern verheiratet. Wilhelm von Kruse starb 1866 wohl an einem Wagenunfall, konnte aber noch seinen unehelichen Sohn August zum Alleinerben bestimmen.

Das Leben des letzten Besitzers von Neetzow, des Rittmeisters Wolf von Kruse, schilderte dessen Sohn Joachim in dem Buch «Das Schloß im Mond»:

Zum Gutsbetrieb des Rittmeisters gehörten eine Schmiede, eine Stellmacherei, der 20 Hektar große Park mit See, 1800 Hektar Land, Scheunen, Reit- und Hühnerstall, Gewächshaus und ein Tennisplatz. Bei Tisch fand sich die «Tafelrunde» ein: Neben Vater und Sohn von Kruse waren dies die Gutssekretärin, die Hausdame, der Hauslehrer und drei unverheiratete Onkel, die mit auf dem Gut lebten. Bei der Tafelrunde unterhielt man sich hauptsächlich über Politik und die Jagd, eine Passion des Hausherrn.

Zur Dienerschaft gehörten Köchin, Mägde, es gab einen Obergärtner, zwei Revierförster; im Dorf wohnten 30 Landarbeiterfamilien, und zur Erntezeit wurden zusätzlich 50 Schnitter aus dem Osten eingestellt. Alle zwei Wochen ging man zum Gottesdienst in die Kapelle, die in einem Raum des alten Gutshauses im alten Park eingerichtet war. Dort stand auch das Erbbegräbnis der von Kruses, das 1960 abgerissen wurde. Gefeiert wurde im runden Festsaal entweder zum Abschluß der Jagdsaison oder beim Erntefest. Eine Kapelle spielte dann Polka, Walzer, Mazurka oder den Kegel, einen alten pommerschen Gruppentanz.

1937 wurden Schloß und Park noch einmal verschönert: Neue alte Möbel und Pflanzen wurden angeschafft. 1945 – der Verwalter hatte schon den Treck gen Westen vorbereitet – konnte sich Wolf von Kruse nicht entschließen, Neetzow zu verlassen. Er hielt die Greuelgeschichten, die man von den plündernden Russen hörte, für Erfindungen der Nazis. Als die Russen Neetzow erreichten, verwüsteten sie das Schloß, fuhren die gesamte Einrichtung ab und erschossen den Verwalter des kruseschen Gutes in Wietzow. Herr von Kruse mußte Neetzow verlassen, durfte nur einen Rucksack mitnehmen.

Einige der Schloßmöbel stehen heute im kulturhistorischen Museum von Stralsund.

Reliefmedaillon an der Gartenseite: Ähren windende Göttin mit Putten.

Penkun

Vorbild war das Stettiner Schloß

Im Jahre 1990 feierte die kleine Stadt Penkun, die etwa 25 Kilometer
südwestlich von Stettin im Landkreis Pasewalk liegt, ihr 750jähriges Be-
stehen. Daß der malerische Ort nebst Kirche und Schloß, weithin sicht-
bar auf einer Anhöhe gelegen, bis auf den heutigen Tag existiert, grenzt
ans Wunderbare, denn eigentlich ist die Geschichte Penkuns eine nicht
enden wollende Folge von Bränden, Feuersbrünsten und Brandschat-
zungen, wobei die zahlreichen Kriege, Scharmützel und Überfälle auf
die Grenzstadt nicht berücksichtigt sind.

«Pommernland ist abgebrannt...», diese Zeile eines alten Kinder-
liedes aus dem Dreißigjährigen Krieg hätte ebenso für Penkun gelten
können.

Allein zwischen 1568 und 1854 hat es in der Stadt mehr als zwanzig-
mal gebrannt, wobei Kirche, Schloß und Rathaus in Mitleidenschaft gezogen wurden und die reetgedeckten Fachwerkhäuser mehrfach vernichtet worden sind.

Während die mittelalterliche Kirche nach dem letzten Brand 1854
durch einen neogotischen Neubau ersetzt wurde, ist das Penkuner
Schloß bis heute erhalten geblieben.

Die Geschichte des Schlosses beginnt mit Werner von der Schulenburg, der im Streit des Pommernherzogs Bogislav X. und des Kurfürsten von Brandenburg, Albrecht Achilles, um die Uckermark ein über-
aus diplomatisches Geschick bewies, so daß die Dauerfehde im Zweiten
Prenzlauer Frieden vom 26.6.1479 mündete. Vom dankbaren Kurfürsten erhielt Werner von der Schulenburg daraufhin Burg und Amt
Löcknitz, der Pommernherzog bedachte ihn 1480 mit Penkun. Werner
von der Schulenburg ließ beide Schlösser neu erbauen und vermehrte
außerdem seinen Besitz beträchtlich. Dies taten auch sein Sohn Richard
und sein Enkel Joachim (1522–1594), der zu Recht den Beinamen «der
Reiche» erhielt. Er besaß mehr als 50 Güter, und sein Erbregister um-
faßte 205 Seiten. Neben Heinrich von Rantzau galt Joachim von der
Schulenburg als reichster Adliger in Deutschland. So fiel es ihm denn
auch nicht schwer – Stadt und Schloß waren wieder einmal von einem

Matthäus Merians Stich der Stadt Penkun (1652)
mit Schloß und Kirche.

Brand (1578) verwüstet worden –, einen Neubau des Schlosses in Angriff zu nehmen, wobei ihm das Stettiner Herzogsschloß, und zwar der gerade fertiggestellte Johann-Friedrich-Bau (vollendet 1580) als Vorbild diente.

Wie der prachtliebende Pommernherzog engagierte auch Joachim von der Schulenburg einen welschen Baumeister, Taddeo Paglione alias Thaddäus Paglion, der ab 1586 unter Verwendung der Außenmauern des Vorgängerbaus eine imposante Dreiflügelanlage errichtete. Zwei achteckige Türme, etwa zwölf schlanke Schornsteine sowie ein Renaissanceportal im Innenhof sind die sparsamen dekorativen Elemente des massiven dreigeschossigen Putzbaus, wobei die Türme ursprünglich welsche Hauben hatten, wie ein Stich Merians von 1652 bezeugt.

Der Putz des Penkuner Schlosses bröckelte aber schon seit langem, der Bau war bis 1991 abrißgefährdet, als endlich eine umfassende Restaurierung begonnen werden konnte, wobei die finanziellen Mittel vom Bund, von der Deutschen Stiftung für Denkmalschutz und vom Land Mecklenburg-Vorpommern zur Verfügung gestellt wurden. Noch

Säule und Gewölbe im Remter waren ursprünglich farbig gefaßt.

nicht gelöst ist die Frage, wie das Schloß zukünftig genutzt werden soll.

Von der Innenausstattung des Renaissancebaus ist wenig erhalten geblieben; nur verschiedenartig gewölbte Räume sowie einige Stuckdecken lassen die vergangene Pracht ahnen.

Wie mag es beispielsweise im 112 Quadratmeter großen Remter zu Zeiten Joachims des Reichen ausgesehen haben? Die toskanische Säule in der Mitte des Saales war blau-gold bemalt, und auch das Sternengewölbe wird farbig gefaßt gewesen sein. An den Wänden hingen vielleicht Wirkteppiche, in schweren, niedrigen Eichentruhen wurden Kostbarkeiten verwahrt. Auf dem schwarzweißen Marmorfußboden waren lange Eichentische aufgestellt, an denen Joachim seine Gäste bewirtete. Auf Zinntellern aß man Wild oder Fisch, der saure? Wein stammte vom eigenen Weinberg. Die Steinzeugkrüge konnten aber auch Wasser oder Bier enthalten; und wenn der Kamin genug Wärme abgab, blieb man länger an der Tafel sitzen. Der verschwenderische Sohn Joachims, Richard, sorgte dafür, daß es mit der Schulenburgschen Pracht bald vorbei war. 1614 mußte er Penkun an Henning von der Osten verkaufen.

Abgesehen von einer kurzen Unterbrechung hatte die Familie von der Osten Schloß Penkun bis 1945 in Besitz. Zur Situation von 1945 schreibt Eckhart von der Osten, der letzte Besitzer von Penkun: «Zum Betrieb Penkun-Büssow zählten 1945 916 Hektar. Davon waren ca. 650 Hektar Weizen / Rübenboden. Zum Tierbestand rechneten 52 Pferde, 1600 Schafe, 400 Schweine und 190 Rinder. Die Bestellungskosten 1945 beliefen sich auf 205 000,- RM. Ca. 100 Personen wurden beschäftigt. Neben 3 Beamtenwohnungen gab es 54 Werkswohnungen. Dazu kamen 37 Wirtschaftsgebäude. Über alles, was das Dritte Reich, was der Krieg und sein Ende mit sich brachte, braucht an dieser Stelle nicht weiter notiert zu werden.»

Schloß Penkun
von Südwesten,
Photographie
von 1930.

Poppendorf

Vom Gutshaus zum «Musenhof»

Kontraste bieten sich dem Reisenden, der, von Stralsund kommend, nach Rostock fährt. Kurz vor Poppendorf verpestet eine riesige Düngemittelfabrik die Luft. Der Schornstein qualmt Tag und Nacht, und ein Gewirr von Straßen zerschneidet die Landschaft. Klein und überschaubar wird die Welt erst wieder, wenn man den Ortseingang von Poppendorf erreicht hat: Wie ein Prozessionsweg verläuft die einzige Straße, im Bogen sanft ansteigend, auf das Gutshaus zu; vorbei geht es an Wohnhäusern, dem rauschenden Bach, der Wassermühle, der alten Schmiede, dem Silo, der Scheune und der Remise. Direkt vor dem Eingang des Gutshauses endet der Weg.

Zartgelb leuchtet der eingeschossige Putzbau von neun Achsen Breite. Der gedrungene Dreiecksgiebel mit Lünettenfenster und eingesetzter Uhr verdeckt das Mansarddach des Hauses fast völlig. Im Erdgeschoß liegen, um die Eingangshalle gruppiert, die repräsentativen Wohnräume, wobei der Gartensaal zum Park hin der größte ist. Die Zimmer im Obergeschoß sind neu aufgeteilt worden.

Genaue bauliche Daten sind von Poppendorf nicht überliefert, Kern und Fundamente stammen aus der Zeit nach 1690. Die Entstehung der klassizistischen Fassade mit der die Mitte betonenden dreiteiligen Anordnung von Fenstern und Tür könnte mit 1810 datiert werden, ebenso wie die Remise neben dem Herrenhaus. Hinter dem Gutshaus befindet sich ein kleiner Park mit Linden, Kastanien und Sumpfzypressen. Die Uhr hat wohl ein besonders preußisch genauer Besitzer um 1900 in das Lünettenfenster eingesetzt.

Poppendorf hat viele Eigentümer gehabt, nicht alle sind bekannt. 1286 verkaufte Agneta, die Witwe des dänischen Königs Woldemar II., das Gut an die Petrikirche in Rostock. 1509 veräußerte ein Mitglied der Familie von der Lühe Poppendorf an das Klarissinnenkloster in Ribnitz. Nach der Reformation wurde der Rostocker Bürgermeister Christoph Bützow Besitzer der Anlage.

Unter dem Dreißigjährigen Krieg hatte Poppendorf sehr zu leiden, doch die Zerstörungen dauerten auch nach 1648 an. In einem Bericht über die Kriegsschäden 1675/76 hieß es: «Wie Ribnitz am 13.12.1675 von den Brandenburgern nebst den Alliierten erobert wurde, wurden den Klosteruntertanen in Poppendorf drei Pferde fortgenommen.» Und weiter: «Während des Kurfürstlichen Lagers zu Demmin 1676 haben die Poppendorfer bei dem Aufbruch vor Demmin zwei Pferde und ein Wagen hinterlassen müssen, so zum Vorspann mitgenommen.» Den schlimmsten Schaden richteten damals die Dänen an: «Während die königlich Dänische Armee in Ribnitz gestanden 1675, ist den 23. September das Klosterdorf Poppendorf fouragiert (ausgeplündert) worden.» Auf der Verlustliste standen 4 Bauleute, 20 Pferde, 20 Rinder, 41 Schweine, Hausrat, kaputte Dächer, Öfen, Fenster.

Wenn man dem Klosterinventar, das 20 Jahre später aufgelistet wurde, glauben will, sah es im Dorf Poppendorf nicht viel besser aus. Zu dieser Zeit gab es zwei Bauerngehöfte und vier wüste Bauernstellen. Dazu kamen das Schulzengehöft und drei Katen sowie der Hirtenkaten. Fast alle Häuser waren 1696 noch stark reparaturbedürftig. An das Kloster Ribnitz mußten jährlich Abgaben in Form von Getreide geleistet werden. Pfarrer und Küster wurden von den Dorfbewohnern mit Naturalien versorgt. Mit neun Bauernhäusern bzw. Katen ist Poppendorf damals kaum kleiner gewesen als heute.

Von 1934–1945 besaß die Familie Ramelow Gut Poppendorf, die ursprünglich aus Gingst auf Rügen stammte. 1809 ließ sich ein Ramelow in Grevesmühlen nieder. Zwei Generationen später gründete Gustav Ramelow mit 18 Jahren ein Manufakturwarengeschäft in Klütz. Aus kleinen Anfängen entwickelt sich im Laufe der Zeit eine Warenhauskette mit 33 Filialen (1932), die sich hauptsächlich in den Kleinstädten Mecklenburg-Vorpommerns etablierte, etwa in Grevesmühlen, Boizenburg, Demmin und Parchim. Ein großes Kaufhaus entstand 1930 in Stendal.

Ein Freund Gustav Ramelows, Rudolf Karstadt, der ebenfalls aus Grevesmühlen stammt, gründete ebenfalls auch eine Kaufhauskette, wobei Karstadt jedoch die Großstädte als Standorte für seine Warenhäuser bevorzugte. Als der Sohn des Firmengründers, Wilhelm Ramelow, 1934 Poppendorf erwarb, hatte die Firma ihre wirtschaftlich größte Ausdehnung erreicht. Die drei Brüder Kurt, Wilhelm und Hans Ramelow leiteten die Firma von der Berliner Zentrale aus, Wilhelm Ramelow wohnte mit seiner Familie in einer feudalen Grunewaldvilla, die Paul Wallot, der Architekt des Berliner Reichstagsgebäudes, entworfen hatte.

Wilhelm Ramelow war leidenschaftlicher Pferdenarr. Poppendorf wurde Sommersitz der Familie und Mustergut mit 400 Hektar, das ein Verwalter bewirtschaftete. Wilhelm Ramelow widmete sich ganz der Zucht von Vollblütern.

Das Jahr 1945 brachte auch in Poppendorf den Zusammenbruch. Zwei Söhne Wilhelm Ramelows fielen im Krieg, er selbst floh mit Frau und Tochter Uta und dem Pferdetreck über Dassow nach Elmshorn. Der Sohn Wilhelm Christoph wollte zunächst in Poppendorf bleiben, mußte aber später ebenfalls fliehen.

Nach der Enteignung wurde Poppendorf aufgesiedelt.

Poppendorf ist eines der wenigen Gutshäuser in Mecklenburg-Vorpommern, das nicht nur eine Vergangenheit, sondern auch eine lebendige, zukunftsgerichtete Gegenwart besitzt.

1991 kaufte Uta Börner-Ramelow ihr Elternhaus von der Gemeinde zurück und ließ den heruntergekommenen Bau zwei Jahre lang renovieren, bevor sie es am 3. Juli 1993 mit einem Festkonzert einweihte. Für das Gutshaus, zu dem kein Land mehr gehört, fand Frau Börner ein neues Nutzungskonzept: Während das Obergeschoß in Mietwohnungen umgewandelt wurde, stehen die Räume im Erdgeschoß für kulturelle Zwecke zur Verfügung. Im «Musenhof», wie Uta Börner ihren Besitz nennt, sollen Vorträge, Ausstellungen und Konzerte stattfinden; aber auch der Bürgermeister von Poppendorf hat im Gutshaus nach wie vor seinen Amtssitz. Frau Börners Garten in Hamburg leert sich zugunsten des Poppendorfer Parks. Mehrere große Rhododendren mußten in den Osten übersiedeln, was ihnen jedoch gut bekommen ist.

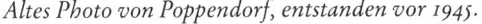

Altes Photo von Poppendorf, entstanden vor 1945.

Prebberede

Eleganz in mecklenburgischer Ländlichkeit

Eine der ältesten mecklenburgischen Familien mit wendischen Vorfahren ist die Familie von Bassewitz; davon zeugt der Grabstein Gerds von Bassewitz (gest. 1391) in der kleinen Dorfkirche von Basse im Kreis Teterow. Gerd von Bassewitz war auch der nachweislich erste Besitzer von Prebberede, das zusammen mit Dalwitz zu den Stammgütern derer von Bassewitz gehörte.

Bedeutendstes Mitglied der Familie war Henning Friedrich von Bassewitz (1680–1794). Er begann seine berufliche Laufbahn als Kammerjunker bei Friedrich Wilhelm von Mecklenburg-Schwerin, erhielt 1710 die Ämter Husum und Schwabstedt und übernahm diplomatische Missionen für die gottorfische Regierung in Berlin, dann in St. Petersburg. 1719 wurde er Geheimrat, 1721 ein führender Politiker in Gottorf. Mit seinem Dienstherrn, dem Herzog Karl Friedrich von Schleswig-Holstein-Gottorf, verbrachte er sieben Jahre in St. Petersburg und arrangierte dort dessen Heirat mit Anna, der Tochter Peters des Großen. 1726 wurde er in den Grafenstand erhoben.

Während Henning Friedrich Politik machte, verwaltete sein Bruder Joachim Otto nach dessen Vorgaben die Güter in Mecklenburg, wie ein noch erhaltener Briefwechsel bestätigt. In dieser Zeit wurde Dalwitz von dem schwedischen Baumeister Rudolf Matthias Dallin neu erbaut, der auch in Holstein zahlreiche Herrenhäuser entworfen hatte, wie etwa Güldenstein, Rastorf und Rixdorf.

Henning Friedrich Graf von Bassewitz schied 1730 aus gottorfischen Diensten aus und zog sich auf seine mecklenburgischen Güter zurück. Er starb 1749 in Dobbertin, wo er Klosterhauptmann gewesen war.

Der Sohn Henning Friedrichs, Carl Friedrich Graf von Bassewitz, nahm 50 Jahre nach der Erbauung von Dalwitz den Neubau von Prebberede in Angriff. Die Baukosten wurden dadurch niedrig gehalten, daß das Baumaterial bereits vorhanden war. Die mächtigen Eichenstämme für den Dachstuhl kamen aus dem eigenen Wald, die Ziegel wurden selbst gebrannt.

Zwischen 1772 und 1778 entstand das Gutshaus.

Ein Lageplan von 1764 zeigt die Anordnung der Gebäude: Scheunen und Marställe bilden einen langgestreckten Wirtschaftshof, der durch das Herrenhaus begrenzt wird. Hinter dem Gutshaus erstreckt sich ein französischer Park.

1768 wurden zuerst Scheunen und Marställe neu errichtet – ein ordentlicher Landwirt denkt zuerst an Wirtschaft und Vieh, an das, was ihn ernährt. Zwischen 1772 und 1778 entstand dann das Gutshaus als zweigeschossiges Backsteingebäude mit Mansarddach. Der übergiebelte Mittelrisalit erhielt Akzente durch Kolossalpilaster. Deren Kapitelle waren mit Wendenköpfen dekoriert – ein Hinweis auf den Ursprung der Familie.

Im Parterre befand sich neben Diele und Treppenaufgang die 76 Quadratmeter große Küche, ihr Gewölbe ruhte auf nur einer Säule. Die Fußböden waren schachbrettartig mit schwarzem und weißem Marmor ausgelegt, Treppen und Vertäfelungen aus Eichenholz. Der 86 Quadratmeter große Festsaal im ersten Stock besitzt hervorragende Stukkaturen; Gehänge von Musikinstrumenten und die Attribute der vier Jahreszeiten heben sich als zarte Reliefs von einem ursprünglich zartgelben

Grund ab. Im Festsaal spiegelt sich die Leichtigkeit und Eleganz friderizianischen Rokokos wider, angepaßt an mecklenburgische Ländlichkeit und Bodenständigkeit. Die Namen der Stukkateure sind nicht bekannt, man kann also in Betracht ziehen, daß in Schleswig-Holstein tätige Kunsthandwerker, wie etwa M. A. Tadei oder der Stukkateur des Ratzeburger Domhofes, Metz, nach Prebberede befohlen worden sind. Als Architekt für Prebberede wird der Name Sidon aus Güstrow genannt. Ob er mit Hinrich Ludwig Sidon identisch ist, der als Garteninspektor im holsteinischen Traventhal tätig war und dort Pläne des Schlosses gezeichnet hat, ist ungewiß.

Für Prebberede gilt auch heute noch, was O. F. von Buchwald um 1784 in seiner Reisebeschreibung wiedergibt: «Ich aß auf Präberöde, eine halbe Meile von Dalwitz, bei dem Grafen Bassewitz, dem ersten Minister des Herzogs, welcher ein schönes großes Haus daselbst gebauet hat, das sehenswert ist.»

Der Bauherr von Prebberede, Carl Friedrich Graf von Bassewitz, war Erster Minister des Herzogs von Mecklenburg-Schwerin und Geheimer

Die Stukkaturen im Festsaal sind erhalten, nicht jedoch die Einrichtung.

Ratspräsident. Einer seiner Nachfahren schildert ihn als einen Mann mit Geschmack und Takt, von preußischer Ordnung und Pflichterfüllung, der seinem Beruf gewissenhaft nachging, sich aber ebenso unermüdlich darum bemühte, den Besitz seiner Väter zu bewahren und zu vermehren. Carl Friedrich liebte es, in seinem französischen Park zu lustwandeln, er freute sich an den beschnittenen Hecken und den gepflegten Blumenrabatten. Mit seiner Zopfperücke und dem Krückstock ähnelte er ein wenig Friedrich dem Großen. Zu diesem muß eine Beziehung bestanden haben, denn in seiner Bibliothek bewahrte er 400 Briefe Friedrichs des Großen an seinen Kammerherrn Fredersdorff auf, ebenso einen Brief Voltaires an Friedrich, in dem er ihm Orden und Kammerherrnschlüssel zurückgibt.

Das Prebbereder Gestüt bestand bis 1841 und wurde dann versteigert. Die Kapelle und ehemalige Familiengruft im Park errichtete man 1862 als Nachbildung der Klosterkapelle von Althof bei Doberan. Dort soll Niklot, der Stammvater des Mecklenburger Fürstenhauses, getauft worden sein.

Der letzte Besitzer von Prebberede, Hans Henning Graf von Bassewitz, starb 1968 in Westdeutschland.

Quilow

Einst gehörte ein Lustgarten zum Schloß

Aus der mittelalterlichen Feldsteinkirche in Quilow im Kreis Anklam, die 1884 einem Neubau weichen mußte, ist eine Grabplatte hinübergerettet worden. Sie zeigt in Lebensgröße die Reliefs der Eheleute Roleff von Owstin, gestorben 1591, und Anna von Platen: Roleff, mit Spitzbart und Ritterrüstung, stützt sich nachdenklich auf sein Schwert und hat sich seiner Gattin zugewandt, die ihre Hände zum Gebet gefaltet hat. Neben den Köpfen der Dargestellten erscheinen ihre Wappen, darüber ein Fries aus Rankenwerk. Unterhalb der Figuren nennen Inschriften Namen und Todesjahr der beiden.

Roleff von Owstin gilt als der Erbauer des Wasserschlosses von Quilow, das seitdem Stammsitz der Familie gewesen ist. Quilow gehörte ursprünglich zum Besitz des Klosters Stolpe, das im Zuge der Christianisierung Pommerns 1153 als Benediktinerkloster gegründet worden war. Am 25. April 1499 kaufte Hans Owstin zusammen mit seinem Sohn Hinrik vom Stolper Klosterabt einen Hof in Quilow für 150 Reichstaler. Am 15. Februar 1503 wurden die vier Brüder Owstin mit den Gütern Penzlin, Polzin, Quilow und Pätschow belehnt. Seit 1503 war Quilow Wohnsitz der Owstins. Roleff, der ab 1551 hier seinen Wohnsitz nahm, begann bald nach diesem Zeitpunkt mit dem Bau des Wasserschlosses.

Der 14 mal 25 Meter große zweigeschossige Putzbau war ursprünglich rot gestrichen. Dekorative Elemente wie Säulchen und Voluten treten lediglich an den drei Giebeln auf. Im übrigen gliedern kräftig profilierte Gesimse sowie der achteckige Treppenturm die jeweiligen Fassaden. Die Räume im Erdgeschoß haben Tonnengewölbe mit Stichkappen. Die Eingangshalle, heute mehrfach unterteilt, nahm früher die gesamte Länge des Schlosses von 7 mal 25 Meter ein. An der Nordseite liegen Küche und zwei weitere Räume, jeweils mit Kreuzgratgewölben.

Ritter Roleff von Owstin stand in hohem Ansehen beim Herzog Ernst Ludwig von Pommern-Wolgast (Regierungszeit 1560–1592), genannt der Kunstsinnige, der das erste Kollegiengebäude an der Universität Greifswald stiftete.

Roleff beerbte sowohl seinen Vater als auch seinen Großonkel, so daß

Die Gräben des ehemaligen Wasserschlosses wurden inzwischen zugeschüttet.

Ansicht von Quilow, Stich von 1792.

er sich den Schloßbau leisten und sich eines allgemeinen Wohlstandes erfreuen konnte.

Nach dem Dreißigjährigen Krieg war der Quilowsche Besitz jedoch verschuldet. Zum Glück ließ sich dieser Umstand durch die Heirat eines Owstin mit einer reichen Stralsunderin wieder ausgleichen.

Anläßlich der Verpachtung Quilows wurde 1690 ein Inventar erstellt, in dem sämtliche Räume des Schlosses sowie weitere Baulichkeiten wie Brauhaus, Leutehäuser, Scheunen und Ställe aufgeführt wurden. Zu Quilow gehörte damals auch ein Lustgarten. Aus der Beschreibung Quilows von 1690 geht aber auch hervor, daß das Wasserschloß in einem schlechten baulichen Zustand gewesen sein muß.

In der Schwedenmatrikel von 1698 wird vermerkt, daß Quilow zehn Einwohner besaß: drei Kossäten (Kätner), einen Freimann, einen Schäfer, einen Kuhhirten, einen Schweinehirten, einen Häusler, einen Müller und einen Leinweber. Zum Schloß gehörten noch zehn Wohnhäuser.

1803 wurde Quilow vom letzten Owstin umfassend renoviert, er ließ den Eßsaal mit italienischen Landschaften ausmalen. Aus den Deckengewölben wurde ein blau-goldenes Himmelszelt.

Nach Friedrich von Owstin ging Quilow durch Heirat an die Familie von Ploetz über. Claus von Ploetz war der letzte Besitzer von Quilow. Er begann seine militärische Laufbahn bei den Pasewalker Kürassieren, wurde im Ersten Weltkrieg zuerst Oberleutnant, dann Rittmeister, nahm 1920 seinen Abschied und widmete sich ganz Quilow, das zuvor 35 Jahre lang leergestanden hatte.

Er ließ das Schloß von einem Berliner Innenarchitekten repräsentativ ausgestalten. Das 75 Quadratmeter große Eßzimmer erhielt einen gelben Sockel mit rotem Renaissancemuster, die Gewölberippen wurden mit einer Zierleiste betont. Dunkel gebeizte Möbel im Renaissancestil vervollständigten die Ausstattung. Den grünen Salon mit grünem Sockel und hellgrünen Vorhängen hatte er mit Empiremöbeln eingerichtet. Die Halle bekam einen neuen Sandsteinkamin, auf dem sieben Lindenholzfiguren aus der alten Quilower Kirche standen. Das Herrenzimmer erhielt einen Sockel aus grauem Rupfen. Hier hing die Sammlung von friderizianischen Kupferstichen. Im Eingangsbereich stand die schwere alte Innungstruhe, in der sämtliche Dokumente, die Quilow betrafen, verwahrt wurden.

Claus von Ploetz war noch im Zweiten Weltkrieg aktiv und wurde 1941 zum Major befördert. Nach seiner Entlassung aus dem Militärdienst blieb er noch bis zum März 1946 in Quilow, wo er – meistens von einem Versteck aus – die Plünderungen der oft betrunkenen russischen Soldaten miterlebte. Er flüchtete, konnte etliches Mobiliar und einige Ahnenbilder retten und kam am 31. März 1946 in Berlin an.

Rossewitz

Entwurf für das Lehrbuch der Architektur

Wer kurz hinter Güstrow die Landstraße verläßt, um auf einem etwa 6 Kilometer langen Feldweg das Schloß in Rossewitz zu erreichen, muß zwar nicht um Leib und Leben, wohl aber um sein Auto fürchten. Steine und tiefe Schlaglöcher lassen es ratsam erscheinen, das letzte Stück zu Fuß zu gehen.

Was sich dann dem Besucher am Ende des Weges darbietet, ist bedrückend, fast schon gespenstisch: Er erblickt das Geripppe eines Schlosses, eine wenig romantische Ruine, die wohl unrettbar verloren ist. Seit 1973 steht Rossewitz leer, doch schon um 1930 war es mit dem baulichen Zustand des Gebäudes nicht mehr zum besten bestellt.

Zwischen dem heutigen Zustand und der Erbauungszeit von Rossewitz liegen allerdings 336 Jahre: 1657, wenige Jahre nach dem Ende des Dreißigjährigen Krieges, ließ sich der schwedische Generalmajor Joachim Heinrich von Vieregge im Tal der Recknitz ein Jagdschloß errichten. Er war verheiratet mit der wohlhabenden Anna Margarethe von Hahn aus Basedow. So war es ihm möglich, einen prachtvollen Bau zu errichten, der in Mecklenburg-Vorpommern einzigartig war und ohne Nachahmung geblieben ist.

Die Vieregges saßen seit 1450 in Rossewitz, sie besaßen außerdem die Güter Wokrent und Weitendorf. Wahrscheinlich brachte Joachim von Vieregge 1657 von einer seiner Reisen den hugenottischen Architekten Jean Philippe Dieussart selbst mit nach Mecklenburg, denn Schloß Rossewitz war sein erster Bau in Ostdeutschland.

Über diesen Baumeister ist nur wenig bekannt. Er war auch Bildhauer, stand in den Diensten der Güstrower Herzöge und wirkte ab 1683 in Berlin und Potsdam mit einem Sold von 200 Talern. Später war er in Süddeutschland tätig. In Mecklenburg werden ihm das Grabmal Günther von Passows im Güstrower Dom, der Barockaltar in der Schloßkirche zu Dargun, Erweiterungsbauten am Darguner Schloß (zerstört) sowie das Torhaus des Güstrower Schlosses zugeschrieben.

1679 gab Jean Philippe Dieussart das architektonische Lehrbuch «Theatrum architecturae civilis» heraus, womit er an Vitruv anknüpfte

Rossewitz einst (Photo der Hauptfassade von 1930 oben)
und jetzt (Eingangshalle unten).

und außerdem die Bauten der Antike und der italienischen Hochrenaissance als vorbildlich darstellte. In sein Lehrbuch nahm er auch Schloß Rossewitz mit auf. Dieussart hielt seinen Entwurf für derart gelungen, daß er ihn neben Bauten wie den Tempel Salomonis oder den Palazzo Farnese stellte.

Im «Theatrum architecturae civilis» ist im Kapitel über Schloß Rossewitz zu erfahren, daß auch die Ideen des Bauherrn in den Entwurf des Schlosses mit eingeflossen sind: Joachim von Vieregge bestimmte z. B. die Anordnung der Räume.

Der stilistischen Handschrift nach ist der Hugenotte Charles Philippe Dieussart der niederländischen Palaisarchitektur verpflichtet, die etwa ab 1650 vorbildhaft für ganz Europa wurde. Rossewitz' Fassadengliederung mit dem nur wenig hervortretenden Mittelrisalit, der sparsamen Dekoration durch Girlanden, der betonten Gesimse und der Pilasterbildung erinnert an das Mauritshuis in Den Haag, das J. van Campen 1633 entwarf.

In Resten erhalten: die nach 1660 gemalte Scheinarchitektur im Festsaal.

Der viergeschossige, neun Achsen breite Schloßbau war ursprünglich weiß verputzt, hatte rote und graue Architekturglieder und ein graues Walmdach. Das Hauptgesims war mit Kriegsgerät dekoriert, über dem Eingang befand sich das Allianzwappen von Vieregge/von Hahn, das sich heute im Heimatmuseum Güstrow befindet.

Die Eingangshalle umzog ein Metopen-Triglyphen-Fries, so wie Dieussart ihn am Beispiel der Diokletiansthermen in seinem Lehrbuch vorgeführt hatte. Der Festsaal nahm die gesamte Breite des Gebäudes ein und reichte über zwei Geschosse. Eine gemalte Scheinarchitektur erweiterte den Saal bis ins Unendliche. Stuckdecken, Eichenparkett und Eichenvertäfelungen sowie stuckverzierte Kamine waren ebenfalls eingebaut – wenig ist davon erhalten; heute sieht man im Innern unendlich hohe Berge von Schutt.

In den letzten Jahren gab es von seiten der Denkmalpflege in Schwerin immer wieder Pläne, Rossewitz zu retten und einer sinnvollen Nutzung zuzuführen. Letztendlich aber fehlten die horrenden Summen, die nötig wären, um das Schloß wieder aufzubauen.

Im Giebel des Schlosses befand sich früher eine Uhr. Längst gibt es sie nicht mehr. Die Zeit für Rossewitz ist abgelaufen.

Aus dem «Theatrum architecturae civilis»:
Metopen-Triglyphen-Fries der Diokletiansthermen in Rom.

Varchentin

Für den Hamburger Bankier ein Park von Lenné

Auch in seinem jetzigen renovierungsbedürftigen Zustand zeigt sich Schloß Varchentin, gelegen im Landkreis Waren, als imposanter Bau. Einzelne Bauteile von unterschiedlicher Geschoßhöhe sind hier zu einem Ganzen zusammengefügt. Zinnenbewehrte Türme und Spitzbogenfenster, Terrassen und eine Freitreppe geben dem Komplex ein malerisches Aussehen und weisen auf die Vorbilder, die in der Tudorgotik und der englischen Landhausarchitektur zu suchen sind.

Das Schloß liegt auf hügeligem Gelände zwischen dem kleinen und dem großen Varchentiner See, die Parkanlage grenzt an das kleine Gutsdorf.

Von der Innenausstattung hat sich in der Halle im Erdgeschoß ein Kamin mit Hubertusszenen erhalten, ebenso Stuckdecken und Holzvertäfelungen.

Architekt des Schlosses war Auguste de Meuron (1813–1898) aus Neuchâtel in der Schweiz. Wie viele andere Architekten war er nach dem Großen Brand von Hamburg 1842 in die Hansestadt gekommen, um dort Karriere zu machen. Zwischen 1842 und 1868 entwarf er für die wohlhabenden Hamburger Bürger zahlreiche Villen und Landhäuser. Gefördert wurde er dabei vom Präses der Baudeputation, Senator Martin Johan Jenisch (1793–1857), der sich 1845 von Auguste de Meuron ein neues Stadtpalais errichten ließ, nachdem der Große Brand den Vorgängerbau zerstört hatte.

Der kunstsinnige Martin Johan Jenisch leitete zusammen mit seinem Bruder, dem Bankkaufmann Gottlieb Jenisch (1797–1875), ein bedeutendes Handels- und Bankhaus.

Gesundes Konkurrenzdenken beflügelte die Brüder nicht nur in der Firma, sondern auch im privaten Bereich: Kaum hatte der ältere Bruder Martin Johan sich ein Haus gekauft oder bauen lassen, zog Gottlieb Jenisch nach: Martin Johan erwarb 1828 das Gut Klein Flottbek und ließ sich dort von F. G. Forsmann 1831 bis 1834 ein Landhaus, das berühmte Jenischhaus, errichten.

Zur gleichen Zeit baute Gottlieb ein Stadtpalais am Neuen Jungfern-

*Hofansicht von Varchentin: Bauteile unterschiedlicher Geschoßhöhe
fügen sich zu einem malerischen Schloßkomplex.*

stieg 18. Um sein Vermögen abzusichern, erwarb Martin Johan Jenisch mehrere Güter in Holstein und Jütland. Da Gottlieb Jenisch mit der Mecklenburgerin Amalie Caroline von Lützow verheiratet war, zog es ihn nach Mecklenburg: Schon 1836 erwarb er von der Familie Ferber Varchentin und Carolinenhof, wo er sogleich eine Ziegelei eröffnen ließ.

Mit der Gestaltung des Parks beauftragte er den berühmtesten Gartenarchitekten seiner Zeit, Peter Joseph Lenné; sein Entwurf für Varchentin ist datiert vom Juli 1838. Der Plan zeigt das Schloß mit Rondeel und symmetrischer Hofanlage; von hier aus führen sich schlängelnde Wege durch das Parkgelände, das mit einzelnen Baumgruppen durchsetzt ist. Da de Meurons Entwurf für den Schloßneubau 1838 noch nicht vorlag, konnte er in Lennés Gartenplan nicht berücksichtigt werden. Wahrscheinich ist in seinem Plan der Grundriß des Vorgängerbaus eingezeichnet.

Nicht nur in der Landhausarchitektur, auch in der Gartenarchitektur war im 19. Jahrhundert England das große Vorbild. Jeder aufgeklärte und gebildete natur- und architekturbegeisterte Mensch reiste damals nach England, um sich an Ort und Stelle zu informieren. Berühmte Englandreisende waren Friedrich Schinkel und Fürst Pückler-Muskau, der Gartenarchitekt von Muskau und Branitz. Peter Joseph Lenné (1789–1866) war Generaldirektor der königlich-preußischen Gärten. Seine berühmtesten Parkanalagen sind die von Sanssouci, Glienicke und

Babelsberg, die er in englische Landschaftsparks umwandelte. In Mecklenburg legte er die Schloßparks von Schwerin, Remplin, Basedow und Neustrelitz neu an. Der Baubeginn für das Varchentiner Schloß verzögerte sich durch den Großen Brand in Hamburg, wo Auguste de Meuron zunächst unabkömmlich war.

Erst 1847, 11 Jahre nach dem Erwerb von Varchentin, wurde der Schloßbau vollendet. 1845, während des «Wartens auf Varchentin», hatte sich Gottlieb Jenisch noch ein Landhaus an der Elbe gekauft. Als Bernhard Fürst von Bülow in seinen Denkwürdigkeiten den berühmten Satz niederschrieb: «Ein Hamburger Patrizier großen Stils, ...muß ein Stadthaus an der Esplanade, ein Landhaus an der Elbe und ein Rittergut in Holstein oder Mecklenburg besitzen», hatte er seine Onkel Martin Johan und Gottlieb Jenisch vor Augen. Die Brüder Jenisch galten in ihrer Zeit als Repräsentanten des hanseatischen Großbürgertums schlechthin.

Wie Gottlieb Jenisch mit seiner Familie auf Varchentin gelebt hat, ist nicht überliefert. Seine Silberhochzeit 1862 feierte er im Jenischhaus in Hamburg-Klein Flottbek, wobei der Park von 3000 Lichtern erleuchtet war.

Durch Heirat ging Varchentin 1875 an die Grafen Grote über, die aus Hannover stammten. Adolf Graf Grote erwarb nach dem Tod seines Schwiegervaters Gottlieb Jenisch 1875 das Nachbargut Deven hinzu, außerdem ließ er 1895 im Park ein Mausoleum errichten. Als eines der ersten Güter Mecklenburgs erhielt Varchentin 1907 ein eigenes Elektrizitätswerk, zwischen 1910 und 1912 kam ein Anbau im Süden hinzu, der Otto Graf Grote als Alterssitz diente.

Letzter Besitzer von Varchentin war Friedrich Franz Graf Grote. Er fiel 1942 in Rußland, den Zusammenbruch und die Plünderung des Schlosses durch die Russen erlebte er 1945 nicht mehr. Daß er nicht im Mausoleum seiner Familie im Varchentiner Schloßpark begraben werden konnte, erscheint im nachhinein als Glücksfall. Dorfbewohner hat-

Gottlieb Jenisch,
Photographie
um 1850.

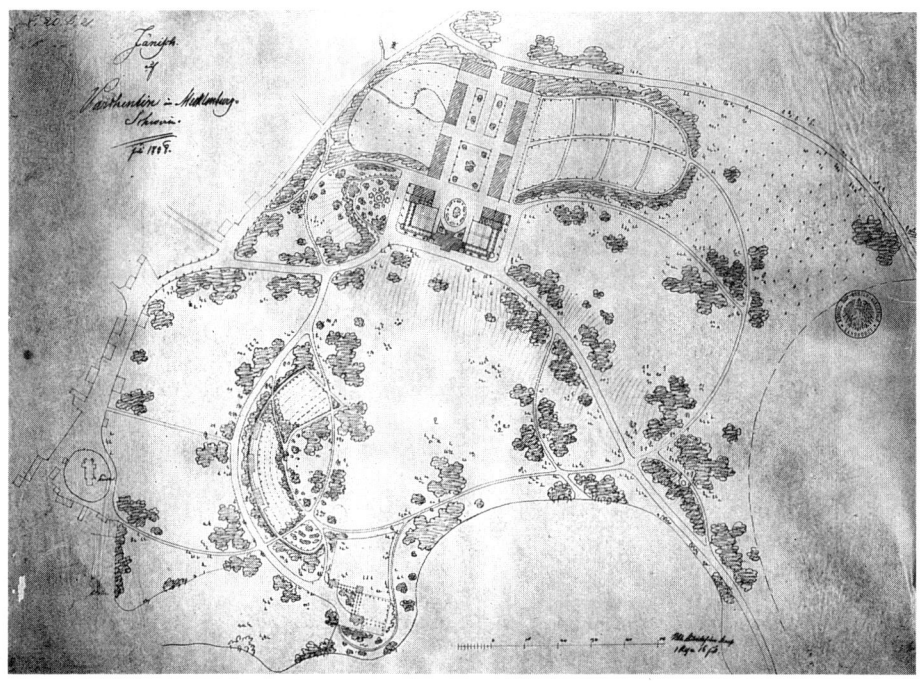

Plan für den Schloßpark von Joseph Peter Lenné, 1838.

ten in der Nachkriegszeit das Mausoleum geplündert und die Zinksärge zu Geld gemacht.

Die Amerikanerin Rachel Derby Smith, die Witwe Graf Grotes, stammte aus alter begüterter Bostoner Familie. Von 1930 bis 1945 lebte sie mit ihrem Mann und den fünf Kindern auf Varchentin und schuf dort eine Art Exklave amerikanischer Demokratie und Lebensart. 1945 wurde sie zusammen mit ihren Kindern in den Westen gebracht, wo sie zunächst bei Familie Jenisch im holsteinischen Blumendorf Zuflucht fand. Nach einem kurzen Aufenthalt in der Schweiz kehrte sie in ihre Heimatstadt Boston zurück.

Bis zur Wende waren in Varchentin zuerst Hunderte von Flüchtlingen, später eine Schule für Forsttechnik untergebracht. Seit anderthalb Jahren steht das Schloß leer. Otto Graf Grote, der Erbe von Varchentin, hatte beabsichtigt, 20 Millionen Mark zu investieren, um dort eine Golfanlage zu schaffen. Dies wäre eine gute Gelegenheit gewesen, nicht nur das Schloß, sondern auch den Lennépark wiederherzustellen. Doch bisher ist es mit der Treuhand zu keiner Einigung gekommen.

Wedendorf

Gesamtkunstwerk und Ausdruck einer Lebensform

Im Schloßpark von Bernstorf im Kreis Grevesmühlen hat sich der Sühnestein für Werner Bernstorp erhalten; er zeigt den betenden Ritter und sein Wappen, auf dem drei Seerosen aus dem Wasser herauswachsen. Datiert ist der Stein 1359 – ein früher Hinweis auf die Familie Bernstorff, die ihren Mecklenburger Ursprung in Bernstorf hat.

Nur wenige Kilometer südlich von Bernstorf liegt im Kreis Gadebusch Schloß Wedendorf, das von 1679 bis 1933 den Bernstorffs gehörte. In ihrer Jahrhunderte langen Geschichte brachte die Familie bedeutende Männer hervor: Generäle, Minister und Diplomaten, Ärzte und Juristen. Um Wedendorf haben sich zwei Bernstorffs besonders verdient gemacht: Andreas Gottlieb der Ältere und Ernst Graf Bernstorff. Andreas, der auch den Ruhm der Familie Bernstorff begründete und dessen Autobiographie erhalten ist, wurde als Sohn des Ratzeburger Domherrn Andreas von Bernstorff am 20.2.1649 geboren. Er studierte ab 1665 Jura in Helmstedt und Speyer und machte ab 1669 anderthalb Jahre lang eine Kavalierstour durch Europa, wobei Versailles mit Ludwig XIV. das bevorzugte Reiseziel war. 1671 trat er in die Dienste des Herzogs Christian I. von Mecklenburg-Schwerin, oder besser gesagt, in die Dienste der Herzogin, einer Französin, mit der er eine Liaison unterhielt, was noch 1671 seine Entlassung zur Folge hatte. Ein zweiter Grund dafür mag gewesen sein, daß er auf der Seite der mecklenburgischen Ritterschaft stand und sich ein Leben lang für deren Rechte einsetzte, während Herzog Christian seinem Vorbild Ludwig XIV. nacheiferte und Mecklenburg-Schwerin zu einem absolutistisch regierten Staat umformen wollte. Seine Verehrung für den Sonnenkönig ging so weit, daß er sich Louis nannte und katholisch wurde.

Neuer Dienstherr Andreas Gottliebs wurde 1672 in Celle Herzog Georg Wilhelm. Nach seiner Heirat 1675 wurde er Geheimer Rat und einflußreichster Berater des Celler Herzogs. Da er bis dahin keinen Grundbesitz gehabt hatte – Bernstorf gehörte seinem Onkel –, erwarb er im Laufe seines Lebens fünf Güter; 1679 Wedendorf, 1690 Groß

Hundorf, 1694 Gartow, 1717 Wotersen und 1725 Dreilützow. Tragisch ist, daß seine fünf Söhne, die jeweils einen Besitz erben sollten, früh starben. Das Vermögen, das Andreas Gottlieb für den Erwerb aufwenden mußte, hatte er sich redlich verdient, denn damals galt es nicht als Bestechung, Politiker nach erfolgreich abgeschlossenen Verhandlungen großzügig zu honorieren. So spiegelte der ausgedehnte Grundbesitz seinen politischen Erfolg wider.

1705 trat er in die Dienste des Kurfürsten Georg Ludwig von Hannover und ebnete diesem den Weg zur englischen Königswürde; die Krönung als Georg I. zum König von England konnte 1715 stattfinden. 1715 erhielt Andreas Gottlieb durch Kaiser Karl VI. die Freiherrnwürde. In London am Hofe Georgs I. war Bernstorff hannoverscher Minister, Leiter der deutschen Kanzlei und, wie schon in Hannover, erster Berater des Königs. Ähnlich wie sein Kollege Johann Caspar Graf Bothmer hatte er großen Einfluß und besetzte alle wichtigen politischen Ämter. 1720 wurde er vom britischen Außenminister kaltgestellt, er kehrte nicht mehr nach London zurück, sondern blieb in Gartow, wo er seine letzten Lebensjahre verbrachte.

Wedendorf, Hofseite, mit der Fassade von Martin Friedrich Rabe.

*Ernst Graf
von Bernstorff
ließ Wedendorf
umbauen.*

Als erstes Gut hatte Andreas Gottlieb von Bernstorff 1679 Wedendorf erworben, doch erst 1697 ließ er das Schloß bauen. Eine Bleistiftzeichnung, die noch erhalten ist, zeigt das damalige Haus: Der Bau war zweigeschossig, die dreigeschossigen Seitenflügel besaßen ein abgewalmtes Mansarddach. Eine Freitreppe führte zum Hauptportal, das durch Pilaster und Segmentgiebel dekorativ betont war. Darüber hatte Andreas Gottlieb eine Inschrift anbringen lassen. Heute wie damals lag Wedendorf an einem See, am gegenüberliegenden Ufer befand sich Groß Hundorf, das Andreas Gottlieb 1690 erworben hatte.

Mehr als hundert Jahre nach dem Bau von Wedendorf fiel der Besitz 1802 an den Nachfahren Ernst Graf von Bernstorff (1768 – 1840). Er war preußischer Kammerherr und Legationsrat und wurde gefördert durch den Minister Graf von Schlitz, genannt Goertz. Da Ernst in preußischen Diensten nicht glücklich war, schied er 1802 aus und übernahm Wedendorf. Vom Mai 1806 bis Oktober 1807 lebten die Bernstorffs jedoch in Bernstorf, da die Bauarbeiten von Wedendorf damals noch in vollem Gange waren.

Der Umbau kam allerdings einem Neubau gleich: Ernst hatte dafür den Architekten Martin Friedrich Rabe (1775–1856) beauftragt, der aus dem illustren Kreis der Berliner Architekten um Gilly, Gentz und Schinkel kam. Rabe hatte zusammen mit Gentz am Bau des Weimarer Schlosses mitgewirkt und war seit 1810 Professor an der Berliner Bauakademie.

Mit Wedendorf entwarf Rabe ein Gesamtkunstwerk: Nicht nur die Fassade des Schlosses wurde neu gegliedert, sondern auch die Raumaufteilung wurde verändert. Außerdem entwarf Rabe die gesamte Innendekoration inklusive der Möbel. Der Mitteltrakt wurde um ein Geschoß erhöht, so daß zusammen mit den Seitenflügeln ein durchgehendes zweites Stockwerk entstand. Die Seitenflügel erhielten Segmentgiebel, das Erdgeschoß wurde durch Putzquaderung optisch abgesetzt.

Die Innenmalereien in zwölf Räumen führte Giuseppe Anselmo Pellicia aus, der vorher schon in den holsteinischen Herrenhäusern Emkendorf, Knoop und Falkenberg tätig gewesen war. Fritz Graf von Reventlow hatte den italienischen Maler 1797 von einer Romreise mit nach Emkendorf mitgebracht, und von da an arbeitete er für die gesamte Verwandtschaft: Die Bernstorffs waren mit den Reventlows und dem Emkendorfer Kreis nämlich mehrfach verwandt. In Wedendorf gestaltete Pellicia die Kassettendecken und gliederte bzw. bemalte die Wände in der Manier des dritten pompejanischen Stils, denn damals wurde Pompeji gerade ausgegraben – überhaupt war die Antike bei den Gebildeten groß in Mode.

Die Wintermonate verbrachten die Bernstorffs in ihrem Haus in der Behrenstraße in Berlin, wo sie sich mit Bällen, Konzerten und Festen die Zeit vertrieben. Anläßlich eines herausragenden Ereignisses mit illustren Gästen entwarf Pellicia die Festdekoration für das Haus.

Ernst Graf von Bernstorff war wohl kein angenehmer Zeitgenosse. Im Gegensatz zu seiner liebenswürdigen Frau Amerika hatte er kaum Freunde. Nur mit der Gräfin Schlitz auf Burg Schlitz korrespondierte er ein Leben lang, die Briefe liegen im Bernstorffer Archiv. Am 25. Mai 1818 schrieb er an die Gräfin: «Herr Pellicia, ein Italiener, den ich seit einigen Wochen erwartete, ist eben angekommen und wird morgen seine Arbeit beginnen. Er ist einer der besten Dekorationsmaler, die ich kenne, sehr streng in der Zeichnung und von einer äußerst reichen Phantasie für alles, was in den Bereich seiner Kunst fällt. Er ist sogar ein recht guter Historienmaler. Und ich habe in Emkendorf große von ihm komponierte Bilder gesehen, die über das Mittelmäßige hinausgehen. Sein Auftraggeber, Graf Reventlow, der Bruder meines Schwagers, hat ihm meine Interessen sehr ans Herz gelegt, und ich schmeichle mir, daß meine Decken noch schöner werden.»

Wo der Schwerpunkt von Graf Bernstorffs Interessen lag, zeigte sich an der Zusammensetzung seiner Bibliothek auf Wedendorf: 419 Buchtiteln zum Thema Landwirtschaft standen immerhin 116 Werke über Baukunst gegenüber.

Über hundert Jahre strahlte der klassizistische Glanz Wedendorfs, bis 1933 Hermann Graf Bernstorff den Besitz an die Mecklenburger Landgesellschaft verkaufen mußte, die das Land aufsiedelte und das

Haus an Konsul Hagen aus Lübeck, den Besitzer von Thams & Garfs, weiterveräußerte.

Zwar bestellte sich der Konsul als Gutachter für Wedendorf den bekannten Lübecker Maler und Graphiker Alfred Mahlau, doch das hinderte ihn nicht daran, Wedendorf zur eigenen Bequemlichkeit und nach eigenem Geschmack umzubauen. Der Renovierung wurden dabei etliche der Wandmalereien geopfert.

Heute ist Wedendorf im Besitz eines Immobilienmaklers, und die Inschriften, die einst Andreas Gottlieb von Bernstorff über dem Portal hatte anbringen lassen, gelten nicht mehr: «Tant vaut l'homme, tant vaut sa terre» (Der Mensch ist soviel wert, wie sein Grund und Boden wert ist) und «Ne villa fundum quaerat, neve fundus villam» (das Haus entbehre nicht des Landes, noch entbehre das Land des Hauses).

Einst war Wedendorf Mittel- und Ausgangspunkt einer Lebensform, heute ist es nur noch eine Immobilie, die Bindung an Grund und Boden ist verlorengegangen.

Deckenmalerei im ehemaligen
Schlafzimmer von G. A. Pellicia,
mit der Allegorie der Nacht,
umgeben von den zwölf Tierkreiszeichen.

Ziethen

Eher ein schlichtes Gutshaus als ein Schloß

Seitdem das schloßartige Gutshaus von Stevelin bei Wolgast nicht mehr bewohnt ist, verfällt es zusehends. Hellmuth Friedrich Otto Dettlof Graf von Schwerin (1817–1882) hatte die Domäne Stevelin zwischen 1848 und 1858 gepachtet, da er im nahen Wolgast Assessor am Landratsamt war. Mit seiner Ehefrau Leontine von Hackewitz verlebte Hellmuth von Schwerin hier seine glücklichste Zeit. Als seine Frau nach nur zwei Jahren Ehe im Kindbett starb, konnte er ihren Tod nicht verwinden. Er wollte nicht länger in Stevelin bleiben und erwarb schließlich das Gut in Ziethen bei Anklam von dem Exportkaufmann Geerds.

Das schlichte klassizistische Gutshaus war 1822 erbaut worden; der Typ des preußisch strengen eingeschossigen Landhauses, das mehr an ein Bauernhaus als an ein Schloß erinnert, war zwischen Norddeutschland und Ostpreußen weit verbreitet.

Die völlig schmucklose Fassade wird lediglich durch tief heruntergezogene Fenster und die Dachgauben gegliedert. Einziger Dekor ist das Wappen der Familie von Schwerin über dem Eingang.

Der Kreis Anklam wird auch spöttisch «Grafenwinkel» genannt, denn hier hatten seit dem Mittelalter die Familie von Schwerin ihre Burgen und Güter: Spantekow, Putzar, Landskron und das nicht mehr erhaltene Schwerinsburg sind die bedeutendsten. Die von Schwerin kamen im Gefolge Heinrichs des Löwen 1178 nach Mecklenburg und ließen sich nicht nur im Kreis Anklam, sondern auch in Ostpreußen, Schlesien, in der Uckermark, in Kurland und in Schweden nieder.

Allein im Kreis Anklam gehörten 29 Güter zu ihrem Besitz.

Hellmuth Graf von Schwerin, Landwirt und Jurist, war noch zweimal verheiratet, hatte fünf Kinder und war ein angenehmer Mensch mit romantischem Naturell. Doch an das große Glück mit seiner ersten Frau sollte ihn nichts mehr erinnern. Später fand man das Porträt der wunderschönen Leontine von Hackewitz halbvermodert auf dem Ziethener Dachboden wieder.

Letzter Besitzer von Ziethen war Bernhard Graf von Schwerin

Das Ziethener Gutshaus vor dem Zweiten Weltkrieg.

Blick vom Gutshaus über den (1922) neu angelegten Senkgarten zur Kirche.

Photographie von 1922 mit dem neu angebauten Musiksaal.

(1885–1945). Auch er arbeitete als Jurist und Landwirt; nach dem Ersten Weltkrieg verwaltete er das Gut selbst, führte den Betrieb wie ein Unternehmen und spezialisierte sich auf Rinderzucht und Zuckerrübenanbau, deren Abnahme durch die Zuckerrübenfabrik in Anklam gesichert war.

Seine große Liebe galt der Musik, er war ein ausgezeichneter Pianist. Anläßlich seiner Heirat 1922 mit einer Berliner Fabrikantentochter ließ von Schwerin das Gutshaus völlig umbauen und modernisieren. Der Berliner Landschaftsarchitekt Karl Foerster legte den Park zum Teil neu an. Nahe am Haus schuf Foerster einen Senkgarten und legte damit die Blickrichtung zur Ziethener Kirche fest, deren Patronat der Gutsherr von Ziethen innehatte.

Für sich selbst ließ Bernhard von Schwerin einen Musiksaal anbauen, wo er nach Herzenslust mit der «Crème» der Berliner Musikszene musizierte: mit Georg Kniestädt, Joseph und Andreas Weißgerber, Johannes Steinweg, dem «Zaubergeiger», dem Wendling Quartett und dem Guarneri Quartett. Ins Ziethener Gästebuch trugen sich auch Wilhelm Kempff, Edwin Fischer und Eduard Erdmann ein.

Ein Streichquartett der Staatsoper Berlin spielte denn auch am 2. Oktober 1943 Schuberts «Der Tod und das Mädchen» in der Ziethener Kirche aus traurigem Anlaß: Der älteste Sohn war mit neunzehn Jahren in Rußland gefallen.

1945 wurde der anerkannte Nazigegner Bernhard von Schwerin aufgrund seiner Treckvorbereitungen verhaftet. Doch als die Russen nahten, wurde er wieder freigelassen und konnte in letzter Sekunde mit dem Jagdwagen bis nach Ratzeburg fliehen. Seine Kinder hatte er bereits nach Norddeutschland vorausgeschickt, der Treck mit den Dorfbewohnern blieb vor Greifswald stecken.

«Wir werden zwischen den Mühlsteinen zerrieben» ist ein überlieferter Ausspruch Bernhards Graf von Schwerin. Bespitzelt und verhaftet durch die Nazis, dann die Flucht vor den Russen und der Verlust der Heimat – das war mehr, als er ertragen konnte: Während er bei einem Hauskonzert am 20. Juli 1945 bei der Familie Edye in Hamburg Beethovens Appassionata spielte, ereilte ihn der Tod durch Herzinfarkt.

Heute beherbergt das Ziethener Gutshaus ein ABM-Büro, den Dorfkindergarten sowie mehrere Wohnungen. Die Kirche wurde zwischen 1987 und 1989 restauriert, der unter Denkmalschutz stehende Gutskomplex jedoch nicht.

Quellen

Familienchroniken und -nachrichten:
von Bernstorff, von Bothmer, von Bülow, von Laffert, von Lützow, von Maltzahn, von Owstin / Ploetz, von Voß, von Weltzien

Krausische Findchronik, «Rostocker Orte», Band 35:
Poppendorf, Archiv der Hansestadt Rostock

Literatur

Adamiak, Josef, Schlösser und Gärten in Mecklenburg, Leipzig 1985
Arndt, Ernst Moritz, Erinnerungen aus dem äußeren Leben, Leipzig 1840
Baier, Gerd, Schloß Wedendorf und seine klassizistische Ausmalung durch Giuseppe Anselmo Pellicia, in: Mitteilungen des Instituts für Denkmalpflege – Arbeitsstelle Schwerin 1983
Baier / Ende / Krüger, Die Denkmale des Kreises Greifswald, Leipzig 1973
Bassewitz, Adolf von, Das Schloß zu Prebberede, ein Landhaus aus alter Zeit, in: Das Deutsche Landhaus, 1906
Baumeister, P. / Josef Christian Lillie, in: Baurundschau 1 / 2, Hamburg 1920
Bernstorff, Elise Gräfin von, Aus ihren Aufzeichnungen. Ein Bild aus der Zeit von 1789 bis 1835, 2 Bände, Berlin 1896
Bock, Sabine / Helms, Thomas, Schlösser und Herrenhäuser auf Rügen, Bremen 1993
Böhmer, Gerhard, Graf Hans von Schlitz und Goethe, in: Carolinum, Göttingen 1972
Brandt, Jürgen, Alt Mecklenburger Schlösser und Herrensitze, Berlin 1925
Buchwaldt auf Kledow, Otto Friedrich von, Oekonomische und statistische Reise durch Mecklenburg, Pommern, Brandenburg und Holstein, Kopenhagen 1786
Dehio, Georg, Handbuch der Deutschen Kunstdenkmäler – Mecklenburg, Berlin 1980
Die Bau- und Kunstdenkmale in der DDR – Bezirk Neubrandenburg, Berlin 1982
Die Bau- und Kunstdenkmale der mecklenburgischen Küstenregion, Berlin 1990
Dieussart, Charles Philippe, Theatrum architecturae civilis, Güstrow 1679
Die Wasserheilanstalten in Mecklenburg, in: Meckl. Gemeinnütziges Archiv, Güstrow 1850
Gersonde, Petra, Ländlich-herrschaftliche Wohnanlagen in Mecklenburg und Pommern um die Mitte des 19. Jahrhunderts am Beispiel der Herrenhäuser des Architekten Friedrich Hitzig, Greifswald 1988
Gobert, Renata Klée, Geschichte des Hauses Neuer Jungfernstieg 18, in: Kultur und Kommerz in Hamburg, Der Überseeclub 1922 – 1972, Hamburg 1972
Gollmert, Louis, Geschichte des Geschlechts von Schwerin, 3 Bände, Berlin 1878
Günther, Harri / Harksen, Sibylle, Peter Joseph Lenné: Katalog der Zeichnungen, Tübingen / Berlin 1993
Grundmann, Günther, Jenischpark und Jenischhaus, Hamburg 1957
Jacobs, Edgar, Mecklenburgische Herrenhöfe, Berlin 1937
Johnson, Uwe, Jahrestage, 4 Bände, Frankfurt / Main 1993

Krauß, Neidhardt, Unterwegs zu Burgen, Schlössern und Parkanlagen in Vorpommern, Rostock 1991

Krauß, Neidhardt, Unterwegs zu Burgen, Schlössern und Parkanlagen in Mecklenburg, Rostock 1991

Kruse, Joachim von, Das Schloß im Mond, Frankfurt / Main 1987

Landschloß Varchentin, hrsg. Landschloß Varchentin GmbH, Varchentin 1990

Lemcke, Hugo, Die Baudenkmäler der Provinz Pommern – Regierungsbezirk Stettin, Stettin 1891 – 1901

Loebe, Victor, Putbus, Geschichte des Schlosses und der Entstehung und Entwickelung des Badeortes, Putbus 1910

Lorenz, A. F., Schloß Rossewitz bei Laage und sein Baumeister Ch. Ph. Dieussart, in: Mecklenburgische Monatshefte, Rostock 1929

Marchtaler, Hildegard von, Die Slomans, Geschichte einer Hamburger Reeder- und Kaufmannsfamilie, Hamburg 1939

Mielke, Friedrich, Das mecklenburgische Schloß Goldenbow, Kreis Hagenow, in: Burgen und Schlösser, Sonderheft Neue Bundesländer, Braubach / Rhein 1991

Naschinsiki, Wilhelm (Pseudonym für Gerhard Böhmer), Der Dichter in Stein und Landschaft, in: Mecklenburgische Monatshefte 5 / 1929, Rostock 1929

Neuer Nekrolog der Deutschen, 237, Hans Graf von Schlitz, Ilmenau 1833

Neuschäffer, Hubertus, Mecklenburgs Schlösser und Herrenhäuser, Husum 1990

Ohle, Walter, Baier, Gerd, Die Kunstdenkmale des Kreises Rügen, Leipzig 1963

Pocher, Dieter, Herrenhäuser und Gutsanlagen des Klassizismus im ehemaligen Großherzogtum Mecklenburg-Schwerin im Zeitraum von 1800 bis 1850, Güstrow 1990

Rausse, J. H., Beschreibung der Wasserheilanstalt Lehsen bei Wittenburg in Mecklenburg, Ludwigslust 1847

Redersborg, Eckart, Die Firma Ramelow kehrt an ihren Ursprungsort zurück, in: Heimathefte für Mecklenburg-Vorpommern, Heft Nr. 1 / 1992

Friedrich Schlie, Die Kunst- und Geschichtsdenkmäler des Großherzogtums Mecklenburg-Schwerin, 5 Bände, Schwerin 1896 bis 1902

Sieber, Helmut, Schlösser und Herrensitze in Mecklenburg, Frankfurt / Main 1960

Sieber, Helmut, Schlösser und Herrensitze in Pommern, Frankfurt / Main 1959

Henry Brarens Sloman zum 80. Geburtstag, Festschrift, Hamburg 1928

Sobotka, Bruno / Strauss, Jürgen, Burgen, Schlösser, Gutshäuser in Mecklenburg-Vorpommern, Stuttgart 1993

Spantig, Siegfried, 750 Jahre Lehsen, Hagenow 1983

Staudinger, H. C. D., Ernstes und Heiteres aus Mecklenburg, Rostock 1897

Stein, Dr. F., Beschreibung der Wasserheilanstalt in Lehsen, Boizenburg 1848

Thieme-Becker, Allgemeines Lexikon der bildenden Künstler, 37 Bände, Leipzig 1907 bis 1950

Vaterländisches Nekrologium 1831, XII, Hans Graf Schlitz, in: Freimütiges Abendblatt, Schwerin 1832

Walter, Günter, Festschrift zur 750-Jahr-Feier der Stadt Penkun (1240 bis 1990), Penkun 1990

Wulfert, Peter, Karlsburg – Ein Dorf und sein Institut, Karlsburg 1989

Wurlitzer, Bernd, Mecklenburg-Vorpommern, Köln 1992

Personenregister

Bildnachweis

Landesamt für Denkmalpflege, Schwerin 4, 19, 22, 23, 35, 39, 41, 43, 47, 53, 54,
55, 60, 64, 68 oben, 76, 79
Rode Titel 51
Staatsarchiv, Hamburg 73
Stiftung Schlösser und Gärten Potsdam-Sanssouci 74
Verfasser 28, 68 unten, 72
Alle übrigen Bilder stammen aus Privatbesitz.

Ostsee

Fehmarn

Poppendorf

Rostock

Bothmer

Wismar

Lübeck

● **Wedendorf**

Güstrow

Bellin

**Mecklenburg-
Vorpommern**

Schwerin

Lehsen

● **Goldenbow**

Parchim

Ludwigslust

Elbe

Wittenberge